동시로 생각하고
수필로 이해하고
문제로 논술하는

# 로로로 초등 과학

### 6학년

감수 신영준(경인교육대학교 과학교육과 교수)
글 윤병무 | 그림 박윤희

국수

### 단원 개요

과학 교과서의 단원별 열쇠 말을 주로 의문형 문장으로 짧게 써 놓았어요. 독자의 궁금증을 이끌어 내기 위함이에요. 자발적 배움은 궁금함에서 시작되니까요.

### 과학 동시

동시로 과학을 배워요. 이야기가 있는 과학 동시를 읽으면서 독자는 핵심 지식을 느끼고 생각하면서 자연스레 배우게 되어요. 이야기의 힘이에요. 동시에 이어진 그림 또한 마음에 스미게 해 주어요.

# 이 책의 구성

## 과학 수필

과학 지식을 수필로 풀어냈어요. 논설문이 아니라 저자의 경험과 생각으로 쓴 과학 수필이에요. 그럼에도 독자는 읽어 내야 이해할 수 있어요. 이 책의 수필은 지식이 쌓이고 마음이 살지는 글이에요.

## 논술 문제

정답을 요구하는 문제가 아니에요. 자유로운 생각을 이끌어 내는 문제예요. 자신의 생각을 분명하게 써 보는 게 중요해요. 생각은 글로 나타낼 때 깊어지고 넓어져요.

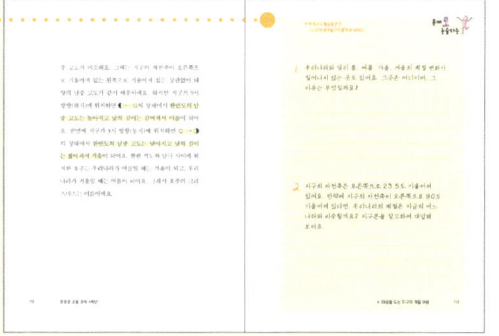

## 추천의 말

**전용훈** 한국학중앙연구원 교수(과학사)
초등 6학년 국어 교과서의 「엄마 손은 약손」 필자

　초등학교 5학년 때, 학급 친구들 앞에서 장래 희망을 말해 보는 시간이었다. 나는 마음속으로는 '축구 선수'라고 할까 하다가 불쑥 '과학자'라고 말하고 말았다. 그때의 말이 씨가 되었는지, 나는 고등학교 때에는 이과를 선택했고 대학에서는 천문학을 전공하게 되었다. 하지만 과학을 본격적으로 공부하던 대학 때에, 자연과학을 전공하는 학생에게는 어울리지 않게 시를 좋아하고 시인들을 존경하게 되었다. 원자핵, 전자, 파동, 전자기장 같은, 과학에서 사용하는 말들은 너무나 무미 건조한 반면, 시에 등장하는 꽃, 저녁, 강물, 고향, 어머니, 밭 같은 말들을 입에 넣고 우물거리면 마음이 따뜻해지는 느낌이었다. 결국 대학을 졸업할 때에는, 메마르고 각진 과학의 말을 가지고도 시인들처럼 따뜻하고 지혜로운 인간의 삶을 말할 수 있으리라는 기대를 안고, 과학사로 전공을 바꾸었다.

　과학자의 꿈을 이루지 못했지만, 과학을 향한 나의 관심은 그 후로도 여전했다. 나는 늘 지금껏 없었던 새로운 과학, 즉

'사람의 온기가 느껴지는 과학'을 찾아보고자 했다. 그리고 꽤 오랜 시간이 흘렀지만, 그런 과학은 좀처럼 눈에 띄지 않아 답답한 마음이었다.

그런데 지금, 어디에도 없던 과학, 내가 찾던 그 과학이 윤병무 시인이 쓴 『로로로 초등 과학』 시리즈에 있는 것을 보고 뛸 듯이 기쁘다. 윤병무 시인은, 내가 메마르고 각지다고 생각했던 '과학의 말'을 가지고도 마음에 온기를 심어 주는 동시를 짓고, 그런 과학의 말들에다가 어린이는 물론 어른들의 생각까지 닦아 주는 지혜를 이 책에 담아냈다. 또한 그는 이 책의 수필마다 마지막 대목에서는, 우리 모두가 서로를 해치지 않으면서 자연과 함께 살아갈 방법을 찾아보자고 어깨동무를 권한다. 나는 이 책의 글마다 담겨 있는 멋지고 신선한 동시와, 포근하고 속 깊은 그의 생각과 희망에 공감하기에, 지금껏 어떤 과학 책에서도 만나지 못한 마음의 위안을 얻는다.

이 책을 읽으니, 어린 시절에 과학자가 되고 싶었던 나의 꿈이, 그리고 어른이 되면서 새로 바꾸어 간직해 온 꿈이, 이미 모두 이루어진 것 같다.

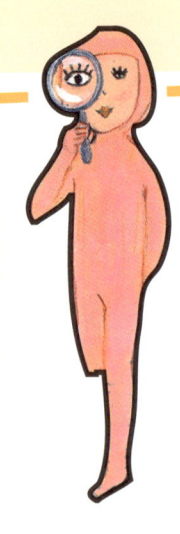

추천의 말 • 8
이 책을 읽는 선생님, 학부모님, 그리고 학생 여러분께 • 13

① **지구와 달의 풍물 놀이마당** • **21**
지구와 달의 운동

② **가득하지만 안 보이는 기체들** • **37**
여러 가지 기체

③ **스스로 살아가는 식물** • **51**
식물의 구조와 기능

④ **뭐든 잘 보이게 해 주는 '렌즈'** • **67**
빛과 렌즈

⑤ **제우스의 강력한 무기** • **83**
전기의 이용

# 차례

⑥ **태양을 도는 지구의 계절 여행** • 99
　계절의 변화

⑦ **'불의 꽃'은 어느 때 피어날까?** • 115
　연소와 소화

⑧ **하나이면서 각각인 우리 몸** • 131
　우리 몸의 구조와 기능

⑨ **비슷하면서도 서로 다른 일을 하는 '에너지'들** • 147
　에너지와 생활

찾아보기 • 162

## 이 책을 읽는 선생님, 학부모님, 그리고 학생 여러분께

　옛날이나 지금이나, 어른이나 아이나, 사람들은 '이야기'를 참 좋아합니다. 동화든, 만화든, 연극이든, 영화든, 방송 드라마든 말입니다. 심지어 컴퓨터 게임에도 이야기가 있습니다. 게임 속에는 괴물일지언정 등장인물이 있고, 게임 속의 공간이 꾸며 낸 우주이어도 그곳에는 사건이 있으니 말입니다. 이렇듯, 모든 이야기 속에는 어느 때와 장소가 있고, 그 시간과 공간에 등장하는 인물들이 있고, 그 인물들 사이에서 벌어지는 사건이 있습니다. 그리고 그 사건을 지켜보는 사람들은 그 이야기가 어떻게 진행되는지를 궁금해합니다.

　우리 생활도 누군가가 말로 하거나 글로 쓰면 여러 이야기가 됩니다. 수업을 마치고 집에 돌아온 학생이 이렇게 말하며

웃을 수도 있습니다. "엄마, 오늘 배꼽 빠질 뻔했어. 우리 선생님이 수업 시간에 실수로 크게 방귀를 뀌었거든!" 그러던 그 학생이 그날 밤 일기장에는 이렇게 쓸 수도 있습니다. "그런데 방귀는 왜 나오는 걸까?"

과학도 '궁금함'에서 시작합니다. 무언가의 원인과 결과를 알고 싶은 마음의 움직임이 궁금함입니다. 그리고 그 궁금함을 둘러싼 어떤 이야기가 있기 마련입니다. 궁금하기까지의 이야기가 있고, 궁금함이 해결된 다음의 이야기도 있습니다. 궁금했던 어떤 자연 현상이 과학 연구로 밝혀진 다음에도 또 다른 궁금함이 이어지니 말입니다.

학교에서 교육하는 과학 과목은 학생들이 궁금해하지 않아도 가르칩니다. 학생들이 이 세상을 살아가면서 알고 있어야 좋을 지식이기 때문입니다. 특히 초등학교 과학은 더욱 그렇습니다. 가장 기초적인 과학 지식이니까요. 그런데 과학 교과서에는 학생들이 배워야 할 과학 지식이 정확하게 설명되어 있습니다. 교과서는 지식 교육이 목적인 교재이기 때문입니다. 하지만 가르치는 내용에 틀림이 없어야 해서 학생들이 읽기에는 비교적 딱딱하게 씌어 있는 편입니다. 그럼에도 교과서는 말 그대로 '교과서'이기에 교육적인 면에서는 충분한 의미와 쓸모가 있습니다.

그런데 세상에는 교과서 말고도 또 다른 방식의 쓸모와 재미를 담고 있는 책들이 있습니다. 그 책들은 교과서만으로는 부족한 쓸모와 재미를 독자에게 전달해 줍니다. 교과서보다 더 멋진 그림을 곁들이고, 교과서보다 친절하게 설명하고 있어서 '보고 읽는' 즐거움을 주는 책들이 그것입니다. 제가 이 책을 '이야기'의 형식으로 쓴 것도 같은 이유입니다.

그럼에도 이 책은 가르침과 배움의 쓸모에 글의 방향이 나아가 있습니다. 그래서 책의 구성도 초등 과학 교과서(6학년)의 차례에 맞추었습니다. 물론 과학 교과서의 단원별 주제를 각 장의 주제로 삼았습니다. 교육부 지침인 단계별 '성취 기준'도 따랐습니다. 다만, 교과서에서 다루는 지식을 나름의 문학적 이야기로 썼습니다. 다시 말해서 이 책은 각 장마다 마치 달집을 태우기 위해 통나무를 세워 쌓듯이, 삼각뿔 모양인 세 기둥으로 짜여 있습니다. '동시로 생각하고, 수필로 이해하고,

문제로 논술하는'이라는 이 책의 부제목이 그 짜임을 말하고 있습니다. 즉, 이 책은 각 장에서 다루는 각각의 주제와 그 핵심 내용을 매번 세 가지로 풀어냈습니다.

첫 번째는 '동시' 형식의 이야기입니다. 동시는 '어린이가 쓴 시, 혹은 어린이의 마음으로 쓴 시'를 뜻합니다. 그래서 동시에는 동시를 쓴 사람의 '마음'이 표현되어 있습니다. 저는 자칫하면 딱딱하게 느껴질 법한 과학 지식도 아이들의 마음을 통하여 읽게 되면 친근하고 재미있게 느껴질 거라고 생각합니다. 또한 독자가 동시로써 과학 지식을 읽는 동안 독자의 생각은 더 자유로워질 거라고 생각합니다. 생각이 자유롭지 않으면 창의적 사고는 나타나지 않습니다. (그러면 배운 지식들도 지식끼리 서로 어울리지 못합니다.) 그 마음으로 각 장마다 과학 동시를 썼습니다.

또한 이 책에는 과학 동시와 함께 각각의 동시에 어울리는 멋진 그림이 하나씩 그려져 있습니다. 다정한 느낌을 주는 파스텔 풍의 그 그림들은 자극적이지 않을뿐더러 동시의 이야기를 더욱 풍부하게 해 주고 있습니다. 동시의 이야기를 따뜻한 마음으로 읽고, 그려 내어 그림 자체로 또 하나의 이야기를 이루고 있기 때문입니다. 흔쾌히 함께해 준 박윤희 작가님이 고맙습니다.

두 번째는 '수필' 형식의 이야기입니다. 수필은 '어떤 이야기를 일정한 형식에 얽매이지 않고 자유롭게 풀어 쓴 글'을 뜻합니다. 그래서 수필에는 수필을 쓴 사람의 자유로운 생각이 마치 독자와 마주 앉아 이야기하듯 씌어 있습니다. 그 이야기가 과학 수필일 때는 그 내용이 과학 지식을 담고 있지만, 글쓴이의 여러 경험이 과학 내용에 옷을 입혀 그럴듯한 드라마가 됩니다. 그래서 독자는 그 이야기를 읽는 동안 글쓴이의 생각과 함께 걸어갑니다.

수필이든 논설문이든, 글로 표현한 글쓴이의 생각을 '읽는 능력'이 '독해력'입니다. 읽는 힘이 없으면 독해가 되지 않고, 독해가 되지 않으면 글의 내용을 이해할 수 없습니다. 글의 내용을 이해하지 못하면 글 속의 지식을 그저 외우려고만 합니다. 그저 외운 지식에는 '개념'이 자리 잡지 못합니다. 잘 정리된 '개념'은 '이해'에서 비롯됩니다.

이 책의 과학 수필들은 초등 과학 교과서(6학년)의 핵심 개념을 교과 단원 순서대로 이야기하고 있습니다. 자유로운 이야기 형식이지만 지은이인 저는 초등 과학 교과 내용에 틀림이 없도록 애썼습니다. 한 번 더 살피기 위해 2015년 초등 과학 교육 과정 개발 책임자이셨던 경인교육대학교 과학교육과 신영준 교수님의 감수도 받았습니다. 반면에 각 장의 과학 수필마다 제가 옳다고 믿는 생각을 조심스레 덧붙여 놓았습니다. '잘' 생각하고 '잘' 이해해야 독자가 과학과 세상을 정직하게 바라보게 된다고 믿기 때문입니다.

세 번째는 '문제' 형식의 이야기입니다. "문제가 어떻게 이야기인가요?"라고 누군가 물을 만도 하겠습니다. 그런데 제가 이 책의 각 장마다 두 개씩 써 놓은 '문제'는 '질문'이기도 하지만 그냥 '문제'일 따름이기도 합니다. 초등학생의 지식으로는 정답을 맞히기가 거의 불가능한 문제도 여럿이기 때문입니다. 그래서 저는 이 책의 독자에게 정답을 요구하지 않습니다. 물음의 목적이 정답을 맞히는 것이 아니기 때문입니다. 따라서 이 책에는 정답을 써 놓지 않았습니다. 대신에 독자가 어떤 물음을 놓고 자유롭게 생각하고, (엉뚱할지라도) 자기의 생각을 분명하게 글로 쓸 수 있다면, 그것이 저는 '좋은 대답'이라고 믿습니다. 지식은 배우면 알게 되지만, 생각은 자유롭지 않으면 가뭄에 시드는 나무처럼 더 이상 자라지 않으니까요.

저의 직업은 교육자가 아닙니다. 그러나 시인인 제가 과학 동시를 쓰고, 과학 수필을 쓰고, (엉뚱한) 과학 문제를 고민하면서, '과학'이라는 교과목도 여러 방식으로 접근하여 교육할 수 있겠다는 생각을 분명히 하게 되었습니다. 그러다가 어느 날 알아보니, 오늘날 교육계의 열쇠 말(Keyword)이 '융합 교육'(STEAM)이었습니다. 저는 저의 즐거운 글쓰기가 이 시대 교육의 과제와 닿아 있음에 놀랐고 기뻤습니다. 이렇듯 어떤 새로운 생각과 실천은 마치 추수를 마친 들녘에 서 있는 아이들의 얼레와 방패연처럼, 멀리서 보면 보이지 않는 연줄로 연결되어 있나 봅니다. 이 책을 모든 아이들에게 바칩니다.

2019년,
태양을 중심으로 지구가 7시 방향에서 돌고 있을 때,
윤병무 씀

# 1
# 지구와 달의 풍물 놀이마당

태양은 왜 매일 동쪽에서 떠올라 서쪽으로 질까요?
달빛의 모양은 왜 반복해서 조금씩 바뀔까요?
지구에서는 왜 달의 뒷면은 볼 수 없을까요?
별자리들은 왜 계절마다
잘 보이는 것이 따로 있을까요?
아주 오래전부터 스스로 돌면서
태양 주변을 돌고 있는
지구와 달의 운동에 대하여 알아보아요.

지구와 달의 운동

## 하늘에서 열린 풍물 놀이마당

나자마자 기운찼던 지구는
혼자서도 신나게 풍물놀이를 했어요.
그때부터 지구는 뻉뻉이*의 달인이에요.

멋쟁이 지구가 달을 농악 모자로 썼어요.
달은 열두 발 상모**가 되어
지구를 따라 피겨 선수처럼 돌아요.

멀리에 혼자 있는 해가 외로울까 봐
지구는 해의 둘레를 돌아요.
일 년에 한 바퀴씩 뻉뻉이를 해 주어요.

저도 돌며 해를 도는 지구의 뻉뻉이에
신난 달도 똑같이 저도 돌며 지구 둘레를
한 달에 한 바퀴씩 돌아 주어요.

지구와 달에게 고마워서 해는
지구와 달에게 양팔을 활짝 벌려
제 빛과 열을 똑같이 보내 주어요.

해와 달에게 고마워서 지구는
낮에는 해에게 해바라기 꽃을 피워 주고
밤에는 달에게 달마중을 해 주어요.

해와 지구에게 고마워서 달은
해에게는 거울이 되어 주고
지구에게는 여러 표정으로 웃어 주어요.

지구와 달의 지칠 줄 모르는 풍물놀이에
춘하추동 별자리 관중들은 밤이 깊을수록
폭죽 같은 박수를 쳐 주어요.

\* **뺑뺑이**: 풍물놀이를 할 때 춤을 추는 사람이 가락에 맞춰 원을 그리며 돌다가 차츰 빠른 속도로 자전(自轉)과 동시에 공전(公轉)을 하면서 몸을 껑충 뛰어 재주 부리는 놀이예요.

\*\* **열두 발 상모**: 풍물놀이를 할 때 머리에 쓰는 모자예요. 그 모자를 '상모'라고 하는데, 그 끝에는 하얀 종이로 만든 긴 리본이 달려 있어요. '열두 발 상모'는 열두 발이나 되는 아주 긴 리본이 달린 상모예요.

　해마다 새해를 맞으러 많은 사람이 동해안을 찾아가요. 새해 첫날의 일출을 빨리 보고 싶은 마음이 사람들을 그곳으로 이끈 거예요. 우리나라에서 일출을 가장 먼저 볼 수 있는 곳은 독도예요. 우리나라 땅의 가장 동쪽에 위치해 있기 때문이에요. 그러니 우리나라보다 동쪽에 위치한 일본에서는 우리보다 먼저 아침 해를 볼 수 있어요. 이렇듯 지구 어느 곳에서든 태양은 동쪽에서 떠올라 서쪽에서 져요.

　그런데 실제로는 태양이 그렇게 움직이는 게 아니에요. 우리 눈에 태양이 매일 동쪽에서 서쪽으로 이동하는 것처럼 보이는 것은 지구가 하루에 한 바퀴씩 시계 반대 방향으로 돌고 있기 때문이에요. 마치 팽이처럼 지구는 북극과 남극을 관통한 듯한 가상의 축을 중심으로 하루에 한 바퀴씩 회전해요. 지구가 이렇게 운동하는 것을 지구의 자전이라고 해요. 자전(自轉)의 한자는 스스로 자(自), 구를 전(轉)이에요.

태양뿐만 아니라, 달과 별들이 동쪽에서 서쪽으로 이동하는 것처럼 보이는 것도 지구의 자전 때문에 나타나는 현상이에요. 그런데 태양은 낮에만 보이고, 별들은 밤에만 보여요. 지구에 낮과 밤이 있기 때문이에요. 지구가 자전을 하는 동안 태양 빛을 받는 지구 절반은 낮이 되어요. 반면에 그 반대편에서 태양 빛을 받지 못하는 지구 절반은 밤이 되어요. 밤이 된 곳들은 태양을 등지고 있기에 그동안은 태양을 볼 수 없는 거예요. 별들이 밤에만 보이는 이유는 태양 빛 때문이에요. 낮 동안에도 별들은 하늘에 떠 있지만 태양 빛이 더 밝아서 우리 눈에 보이지 않는 거예요. 그러다가 밤이 되면 별들이 보여요. 별은

어두울수록 잘 보여요. 도시보다 어두운 시골에서 별이 더 잘 보이는 이유가 그것이에요.

지구는 자전을 하면서 동시에 '공전'도 해요. 지구가 태양을 한가운데 두고 1년에 한 바퀴씩 시계 반대 방향

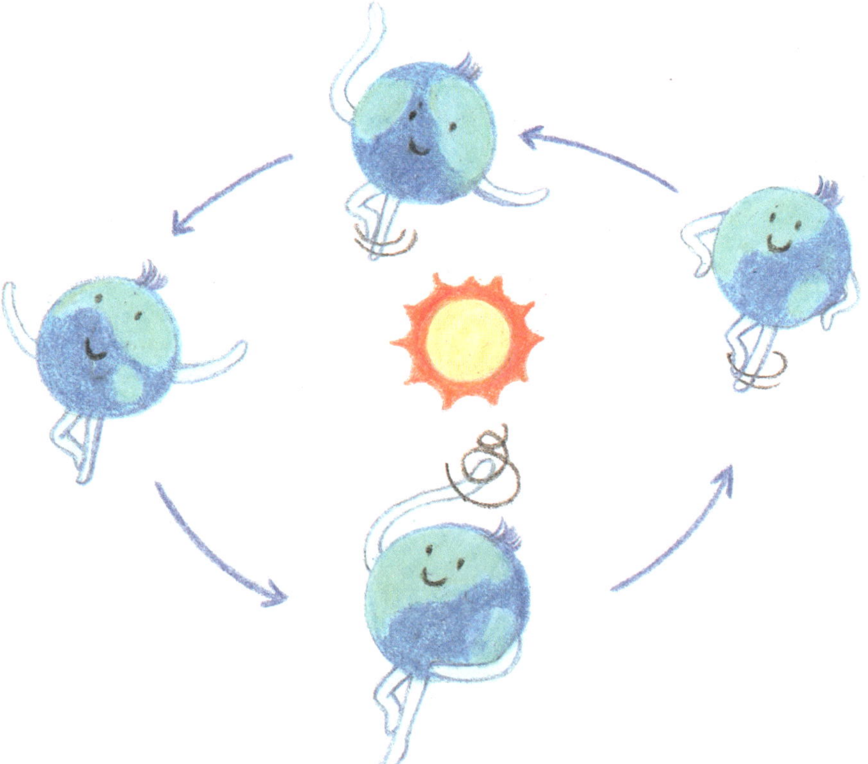

으로 회전을 하는 것을 지구의 공전이라고 해요. 공전(公轉)의 한자는 공평할 공(公), 구를 전(轉)이에요. 이때 공평할 공(公) 자의 의미는 어느 한 방향에 치우치지 않고 일정한 길(궤도)을 따라서 운행한다는 뜻이에요. 공전하는 길은 마치 수레바퀴같이 둥글어서 궤도라고 해요. 그 한자는 수레바퀴 궤(軌), 길 도(道)예요.

밤마다 지구에서 볼 수 있는 별들은 무수히 많아요. 옛날 사람들은 그중 더욱 밝은 별들에 가상의 선을 그어 여러 모양의 별자리 이름을 지었어요. 사자자리, 전갈자리, 페가수스자리, 오리온자리 등이 그것이에요. 그런데 지구에서 아주 멀리 있는 이 별자리들은 지구의 동서남북 방향에 따로따로 위치해 있어요. 그래서 지구가 태양의 주변을 공전할 때 지구에서 비교적 가까운 방향의 별자리들이 잘 보여요. 지구가 태양을 1년에 한 바퀴씩 공전하니 지구는 계절마다 태양의 주변을 $\frac{1}{4}$바퀴씩 공전하는 셈이에요. 그러니 봄에 잘 보이는 별자리가 있고, 여

름에 잘 보이는 별자리가 있어요. 가을과 겨울에도 마찬가지예요.

　지구의 위성인 달도 지구처럼 자전도 하고 공전도 해요. 달의 자전과 공전도 지구와 마찬가지로 시계 반대 방향이에요. 그런데 지구와 다르게 달은 자전과 공전의 주기가 같아요. 즉 자전하는 달이 한 번 돌아서 제 위치로 오기까지는 약 27.3일이 걸려요. 지구 주변을 도는 달이 공전하는 기간도 27.3일이에요. 따라서 지구에서는 항상 달의 같은 면만 보게 되어요.

지구의 위성인 달도 자전도 하고 공전도 해요. 달의 자전과 공전도 지구와 마찬가지로 시계 반대 방향이지만 지구와 다르게 달은 자전과 공전의 주기가 같아요.

그런데 우리가 보는 달의 모양은 한결같지 않아요. 달이 태양처럼 스스로 빛을 내는 별이라면 항상 원형의 모양을 하고 있겠지만, 달은 그렇지 않아요. 달은 태양 빛을 반사할 뿐이에요. 따라서 달도 지구처럼 낮과 밤이 있고, 우리 눈에 보이는 달은 달의 낮 부분이에요. 그리고 ==달의 모양이 매일 밤 조금씩 다르게 보이는 까닭은 달이 지구 주위를 공전하기 때문==이에요. 달이 지구 주위를 도

달의 모양은 약 한 달을 주기로 커졌다가 작아지기를 반복해요. 지구에서는 보름달은 음력 15일 경에 볼 수 있어요.

는 동안 '지구 - 달 - 태양'의 각도가 매일 조금씩 달라져요. 그래서 햇빛을 반사하는 달의 모양이 변해 보이는 거예요.

따라서 지구에서는 초승달(음력 2~3일경), 상현달(음력 7~8일경), 보름달(음력 15일경), 하현달(음력 22~23일경), 그믐달(음력 27~28일경)을 볼 수 있어요. 그러고 나면, 달은 삭(음력 28~29일경)이 되어요. 삭은 '태양 - 달 - 지구'가 나란히 위치할 때여서 지구에서는 달의 낮을 볼 수 없는 거예요. 이렇게 지구에서 보이는 달의 모양은 약 한 달을 주기로 커졌다가 작아지기를 반복해요.

옛날에 서양에서는 보름달이 뜰 때 나쁜 기운이 번져 사람이 늑대로 변한다고 믿는 사람들이 많았어요. 반면에 우리 민족은 보름달이 뜨는 정월 대보름과 한가위를 맞아 서로의 안녕과 농사의 풍요를 바라는 축제를 벌였어요. 과학적으로는 달빛의 모양에 좋음과 나쁨이 따로 있지 않지만, 저는 눈웃음 같은 초승달을 더 좋아해요. 독자 여러분은 어떤 달빛 모양을 좋아하나요? 그 달에게 가만히 마음속의 말을 해 본 적이 있나요?

• 아래의 두 물음을 읽고
  스스로의 생각을 자유롭게 써 보아요.

1. 태양의 지름은 달의 지름보다 무려 436배나 커요. 그런데 왜 지구에서는 태양과 보름달의 크기가 거의 같아 보일까요?

2. 지구는 아주 오래전부터 태양의 주변을 공전하고 있어요. 왜 지구는 공전을 멈추지 않을까요?

# 2
# 가득하지만 안 보이는 기체들

고체나 액체는 눈에도 보이고
손으로 느낄 수 있어요.
반면에 기체는 대개는 눈에 보이지도 않고
냄새도 없어서 느낄 수 없어요.
고체와 액체처럼 기체에도 부피나 무게가 있을까요?
풍선이나 튜브에 공기를 넣을수록 불어 넣기가
힘드는데, 그 이유가 무얼까요?
지구에 있는 공기는 왜 지구 밖으로
빠져나가지 않을까요?
알쏭달쏭한 기체들의 성질을
알아보아요.

여러 가지 기체

## 기체들과 함께하는 운동회

체육관에서 운동회가 열렸어요.
체육관의 기체들도 함께해요.
청군도 백군도 아닌 산소들이
모두를 응원하러 체육관을 채우고는
우리 몸속에서도 열심히 박수 쳐요.

벤치에는 빵빵했던 과자 봉투에서
방금 뛰어나온 질소들도 있고요,
사이다 거품에서 폭죽을 터뜨리는
개구쟁이 이산화 탄소들도 있어요.
색색 풍선 속에선 헬륨들이 재잘대요.

드디어 운동회가 시작됐어요.
코끼리만 한 튜브를 굴리는 경기예요.
공기 빠진 튜브 공은 작고 가벼운데
빵빵한 튜브 공은 생각보다 무거워요.
공 속에 기체가 가득 찼기 때문이에요.

튜브 속에 갇힌 기체는 동그래요.
튜브가 주사위 모양이었으면
튜브 속 기체는 정육면체였을 거예요.
고깔 모양이었으면 원뿔형이었을 거고요.
물처럼 기체도 갇힌 모양대로 변해요.

운동회를 함께해도 기체들은 안 보여요.
기체들의 투명한 파도를 가르며
우리는 있는 힘껏 달려요.
기체들은 달리기 경주를 가로막지만
어느 편도 아니어서 공평해요.

내가 뛰어놀 때마다 바람이 되어
등 뒤를 졸졸 따라오는 기체들은
조금 더 놀고 싶은 내 마음 같아요.
싫은 숙제 앞에선 나도 기체가 되어요.
그때 내 마음은 압축된 기체예요.

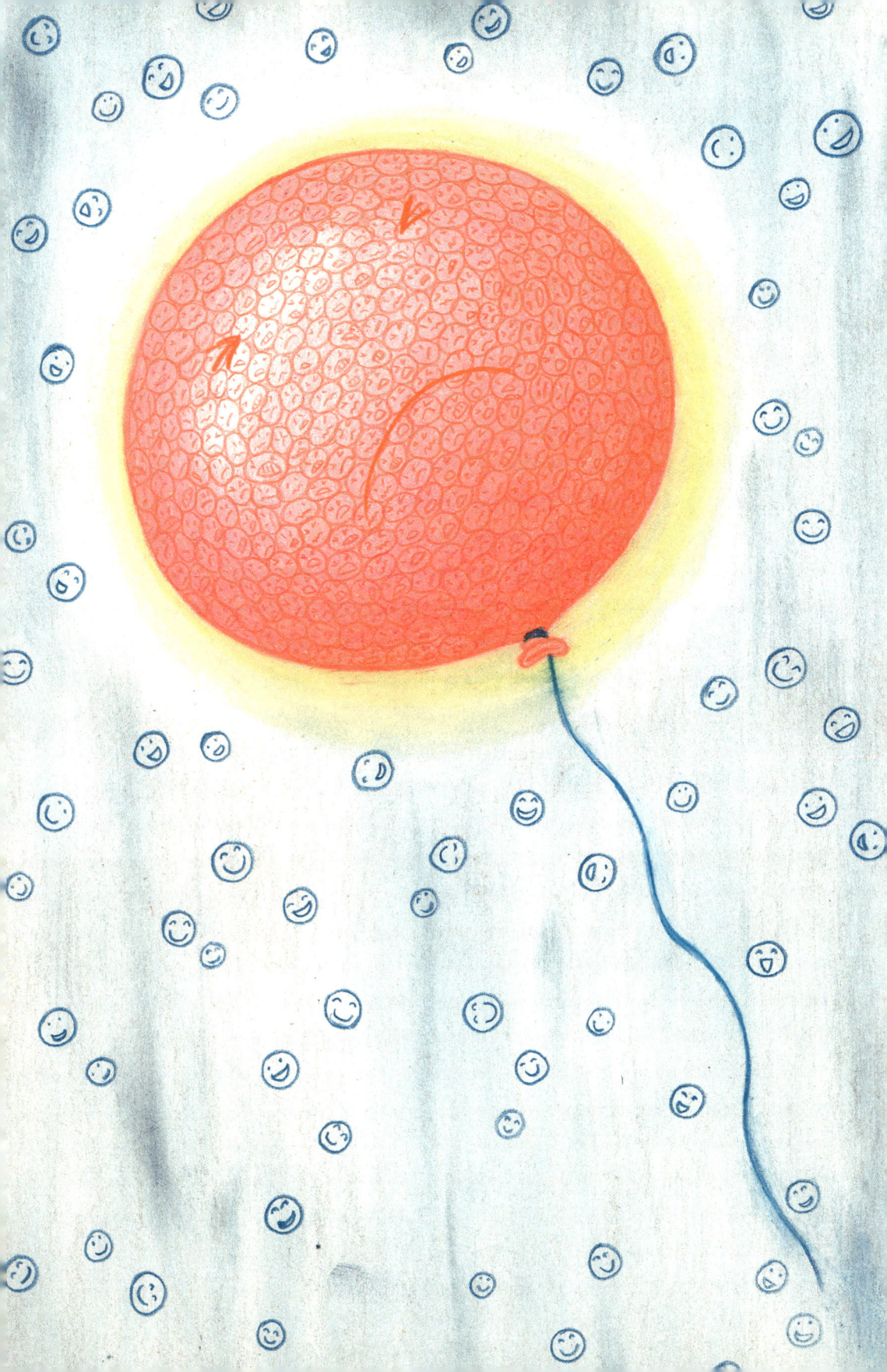

　겨울에는 날씨가 추워서 사람들은 대개 자전거를 세워 두어요. 그러다가 꽃 피는 봄이 오면 상쾌한 기분이 들어 다시 자전거를 타려고 자전거 안장에 쌓인 먼지도 닦아 내고 굳은 체인에 기름칠도 해요. 그런데 앞집 옆집 할 것 없이 모든 자전거 바퀴에는 공기가 빠져 있어요. 타이어 속의 튜브 입구를 힘껏 잠가 놓았는데 도대체 공기는 어떻게 어디로 사라져 버린 걸까요?

　사실은 자전거 타이어 속에 있던 기체는 사라져 버린 게 아니라 달아난 거예요. 좁은 튜브 속에 가득 채워져 있던 기체의 입자들이 드넓은 바깥으로 천천히 빠져나간 거예요. 타이어 속에 갇혀 있던 기체가 어떻게 튜브 감옥 자전거 타이어 속에 있던 기체는 사라져 버린 게 아니라 달아난 거예요. 고무로 만든 모든 튜브에는 아주 작은 구멍들이 있어서 그 틈으로 빠져나간 거예요.

을 탈출했을까요? 고무로 만든 모든 튜브에는 아주 작은 구멍들이 있어서 그 틈으로 빠져나간 거예요. 모든 기체는 현미경으로도 보이지 않을 정도로 매우 작은 입자(알갱이)들로 이루어져 있어요. 그래서 기체 입자들이 튜브의 아주 작은 구멍들로 빠져나갈 수 있어요. 입자(粒子)의 뜻은 물질을 구성하는 미세한 크기의 알갱이예요. 한자로는 낱알 입(粒), 아들 자(子)인데, 이때의 자(子)는 자식이라는 뜻이 아니라 '아주 작은 것'을 뜻해요.

고체와 액체만이 아니라 기체도 입자로 되어 있다니 놀라워요. 하지만 손톱 틈에 낄 만큼 작은 모래 한 알 한 알이 모여 드넓은 백사장을 이루듯이, 기체 역시 수많은

입자들이 모여서 한 공간을 채워요. 그래요, 기체는 앞의 동시처럼 체육관을 채우기도 하고, 튜브 공을 채우기도 해요. 공중에 두둥실 뜨는 풍선 속에는 헬륨 기체가 가득하고, 스낵 과자 봉투에는 질소 기체가 차 있어요. 이처럼 한 공간을 채우는 성질을 가지고 있는 ==기체에는 '부피'가 있어요.== 그리고 ==기체는 부피를 담을 수 있는 공간이 아무리 크더라도 항상 그 공간을 채우는 성질을 가지고 있어요.== 그것은 기체 입자가 자유롭게 이동할 수 있기 때문이에요. 풍선 속의 기체는 풍선이 터지면 자유롭게 공기 중에 퍼져요. 물을 채웠던 풍선이 터지면 물이 쏟아져 나오듯 말이에요.

지구에서 가장 큰 그릇은 지구 자체예요. 그런데 풍선과는 달리 지구는 밀봉되어 있지 않은데, 지구의 기체는 왜 지구 바깥 우주로 흩어지지 않을까요? 그것은 지구의 중력 때문이에요. 중력은 지구의 중심으로 끌어당기는 힘이에요. 모래 한 알에도 작게나마 무게가 있듯이, 기체에도 아주 작지만 '무게'가 있어요. 지구의 중력은 지구 안의 모든 물질을 지구의 중심으로 끌어당겨요. 기체는 먼지보다 가벼워 지구 안의 공중에 떠서 바람이 부는 대로 이동하지만, 기체 입자마다 무게가 있어서 그 입자들이 중력에 이끌려 지구의 중심을 향하는 거예요. 그래서 지구상의 기체들이 지구 바깥으로는 흩어지지 못하는 거예요.

생명 활동에 꼭 필요한 산소와 이산화 탄소 등의 기체는 항상 우리 몸 안팎에 있지만, 우리가 아무리 보려고 해도 눈에는 보이지 않아요. 다른 공기보다 가벼워서 예쁜 색색의 풍선을 공중에 띄우는 헬륨 기체도 마찬가지예요. 또한 대부분의 기체는 냄새도 전혀 나지 않아요. 우리가 숨 쉬면서 마시고 내뱉는 산소와 이산화 탄소는 물론이고, 지구 공기의 78퍼센트를 차지할 정도로 많은 질소나, 우주 기체의 75퍼센트나 된다는 수소 역시 아무런 냄새를 풍기지 않아요. 그런데 간혹 냄새가 나는 암모

니아 같은 기체도 있어요. 흔히 화장실에서 풍기는 암모니아에서는 역겨운 냄새가 나지만, 그 냄새는 암모니아의 입자들이 우리 콧속의 감각 기관을 자극하기 때문에 나타나는 현상이에요.

자전거 타이어에 수동 펌프로 공기를 보충하려면 여러 번 힘을 써야 해요. 도넛같이 생긴 튜브의 밀봉된 공간에 기체 입자들을 밀어 넣으니까 기체 입자들이 저항하기 때문이에요. 기체 입자들은 자연이라는 드넓은 공간에서 자유롭게 있고 싶은데, 자꾸만 펌프가 작은 공간

기체에도 아주 작지만 '무게'가 있어요. 기체는 먼지보다 가벼워 지구 안의 공중에 떠서 바람이 부는 대로 이동해요.

으로 자기들을 몰아넣으니 <mark>기체 입자들의 간격이 좁아져 견디기 힘들어 하는 거예요.</mark> 앞의 동시처럼 아이들의 마음도 마찬가지예요. 아이들도 지나치게 많은 숙제에 시달리면 빵빵해진 자전거 타이어처럼 스트레스를 받아요. 튜브의 재질과 부피를 고려하여 공기를 넣듯이, 숙제를 내 줄 때도 아이들의 학습 능력과 마음 상태를 고려해야 아이들의 생활도 쌩쌩 잘 달릴 수 있어요.

• 아래의 두 물음을 읽고
  스스로의 생각을 자유롭게 써 보아요.

1. 강철로 매우 튼튼하게 만든 작은 공간에 매우 큰 압력으로 계속해서 기체를 몰아넣으면 그 기체는 마침내 어떻게 될까요?

2. 우주에서 산소는 수소와 헬륨 다음으로 많은 기체라고 해요. 우주 공간에 산소가 그렇게 많다는데, 왜 지구를 벗어나면 사람은 산소통 없이는 숨 쉴 수 없는 걸까요?

# 3
# 스스로 살아가는 식물

식물은 동물과 어떻게 다를까요?
식물은 어떻게 혼자 힘으로 살아갈 수 있을까요?
식물은 어떻게 번식할까요?
식물의 꽃들은 왜 대부분 화려할까요?
식물도 배설을 할까요?
식물들의 공통된 구조와 기능에 관하여
알아보아요.

식물의
구조와 기능

스스로 돕는 나무


봄을 따라온 구름이 봄비를 떨어뜨리자
겨우내 잠자던 **나뭇가지**가 깨어났어요.


나뭇가지가 귀띔하자 기쁜 **줄기**가
땅속의 **뿌리**에게 큰 소리로 말했어요.


"뿌리야 깨어나! 봄이 왔어!
봄비가 내려! 이제 봄이야!"


신난 줄기 말에 놀란 뿌리가
기지개 켜고는 웃으며 대답했어요.


"알았어, 힘껏 물을 끌어 올릴게!
줄기야, 가지마다 꽃을 피워 내!"

마침내 가지마다 예쁜 꽃이 피어나고
조막손 겨울눈마다 잎이 돋아났어요.

봄이 오면 잎들은 가위바위보를 시작해요.
하지만 여름까지 겨뤄도 결판나지 않아요.

초봄에는 가위만, 여름에는 보만 내요.
늦가을에는 땅바닥에서 바위도 내요.

잎들은 햇빛으로 초록 옷을 지어 입어요.
또 햇빛을 추수해서 줄기마다 보내 줘요.

상행선엔 물을, 하행선엔 양식을 싣고
줄기는 나무 곳곳에 부지런히 배달해요.

물과 양식을 먹고 줄기마다 **씨**가 자라면
봄을 수놓았던 꽃잎은 어느새 시들어요.

벌 나비를 불러들여 꽃가루받이한
꽃잎은 **열매**에게 자기 자리를 내주어요.

꽃 진 자리는 열매들의 승강장이에요.
바람도 타고 동물도 타고 떠나는 곳이에요.

**뿌리 - 줄기 - 잎 - 꽃 - 열매**는 제 몫을 다해요.
일할 땐 함께 일하고 쉴 때도 함께 쉬어요.

　동물과 식물의 모습을 머릿속에 떠올려 보아요. 동물의 몸 구조는 여러 가지이지만 식물의 구조는 간단한 편이에요. 나무든 풀이든 살아가는 방법이 비슷하기 때문이에요. 그래서 식물은 모습과 크기는 달라도 구조는 비슷해요. 그 구조에는 어떤 공통점이 있을까요? 식물에는 뿌리, 줄기, 잎, 꽃, 열매 등의 기관이 있어요. 뿌리 없는 식물 없고, 줄기 없는 식물도 없어요. 잎도, 꽃도, 열매도 식물에게는 꼭 필요해요.

　식물의 뿌리에는 여러 가지 기능이 있어요. 첫째는 식물이 자리를 잘 잡을 수 있도록 지지하는 역할이에요. 물에 떠 있는 부레옥잠 같은 수생식물은 예외이지만, 대개의 뿌리는 땅속에 묻혀 있어요. 땅속에서 뿌리가 땅을 움켜쥐고 있어서 식물을 단단하게 고정시켜요. 뿌리의 두 번째 기능은 땅속의 물을 흡수하는 일이에요. 물이 없으면 식물도 살 수 없어요. 뿌리의 세 번째 기능은 당근, 무, 고구마처럼 잎에서 만든 양분을 저장하는 거예요. 이처럼 뿌리는 식물을 땅에 고정시키고, 땅속의 물을 빨아들이고, 잎이 만든 양분을 저장하는 일을 해요.

잎은 스스로 양분을 만들어요. 잎이 스스로 양분을 만드는 일을 광합성이라고 해요. 잎이 광합성을 하려면 세 가지 재료가 있어야 해요. 우선 물이 필요한데 물은 뿌리에서 얻어요. 또 이산화 탄소도 필요해요. 이산화 탄소는 공기에서 얻어요. 마지막으로 꼭 필요한 것은 햇빛이에요. 햇빛을 받아야 잎에 있는 엽록체에서 물과 이산화 탄소를 합해서 광합성을 할 수 있어요. 광합성(光合性)은 한자로 빛 광(光), 합할 합(合), 성질 성(性)이에요. 한자를 보면 뜻을 이해하기 쉬워요. 잎에서 광합성을 하면 녹

**말**과 **산소**가 만들어져요. 녹말은 식물에게 꼭 필요한 양분이어서 자기가 쓰고, 산소는 식물에게는 필요 없어서 바깥으로 내보내요. 동물은 산소를 마시고 이산화 탄소를 내뿜으니 식물과 동물은 서로 돕는 관계예요.

동물들이 땀구멍으로 수분을 내보내듯이, 식물도 수분을 바깥으로 내보내요. 동물들이 땀을 흘려서 체온을 조절하듯이, 식물도 수분을 배출하여 자기 온도를 조절해요. 광합성으로 생긴 산소는 조용히 몸 밖으로 내보내

식물의 뿌리는 식물이 자리를 잘 잡을 수 있도록 지지하는 역할을 해요. 땅속에서 뿌리가 땅을 움켜쥐고 있어요.

고요, 식물 속의 물은 잎에서 수증기 상태로 내보내요. 잎의 뒷면에는 아주 작은 구멍이 있는데 이것을 기공이라고 해요. 이 기공을 통해서 물이 빠져나가는 현상을 증산 작용이라고 해요. 식물은 증산 작용을 통해 스스로 온도를 조절하고, 그렇게 빠져나간 양만큼 뿌리를 통해 다시 물을 보충해요.

　식물의 모든 줄기는 껍질에 둘러싸여 있어요. 식물의 껍질은 줄기를 보호해 주고 추위와 더위도 견딜 수 있게 해 주어요. 줄기는 어떤 일을 할까요? 줄기는 지도에 빗대면 '도로'와 같아요. 뿌리에서부터 자라난 줄기는 잎, 꽃, 열매와도 이어져 있어서 식물의 방방곡곡에 다 연결되어 있어요. 그래서 뿌리에서 흡수한 물을 식물 곳곳에 날라 주어요. 또 잎에서 만든 양분도 곳곳에 배달해 주어요. 줄기 속의 도로는 두 개의 긴 터널로 되어 있어요. 그 중 하나는 '물관'이고 다른 하나는 '체관'이에요. 물관은 뿌리에서 흡수된 물이 곳곳으로 배달되는 전용 도로예요. 체관은 잎에서 만든 양분을 곳곳에 배달하는 전용 도로예요.

　꽃은 아름다워요. 그런데 꽃이 눈에 잘 띄게 아름답고 향기로운 것에는 이유가 있어요. 그것은 식물의 번식을 돕는 벌과 나비 같은 곤충을 끌어들이려는 목적이에요. 그래서 꽃은 식물의 번식을 담당하는 기관이에요. 씨를 만드는 곳이죠. 꽃은 식물마다 색깔과 모양이 다르지만 공통된 구조로 되어 있어요. 꽃은 암술, 수술, 꽃받침, 꽃잎, 이렇게 네 부분으로 이루어져 있어요. 식물이 번식을 하려면 꽃가루받이를 해야 해요. 한 식물의 수술에서 만들어진 꽃가루가 같은 종류의 다른 식물 암술머리에 옮겨 붙는 것을 꽃가루받이 또는 수분이라고 해요. 그런데 식물은 스스로 이동할 수 없어서 곤충, 바람, 물, 동물 등을 이용해요.

꽃가루받이를 하면 꽃은 제 할 일을 다 해서 점점 시들어요. 꽃이 지는 거예요. 대신 꽃이 피었던 자리에서는 씨가 자라요. 씨를 감싸고 있는 씨방 등이 발달하여 열매를 만들어요. 열매가 잘 자라려면 많은 양분과 물이 필요해요. 물은 뿌리에서 얻고, 양분은 잎에서 얻어요. 열매가 다 자라면 번식을 해요. 민들레나 단풍나무의 열매는 바람을 타고 날아가요. 사과나 배 같은 열매는 동물에게 먹혀 그 동물의 배설물을 통해 이동해요. 도깨비바늘의

꽃은 식물의 번식을 담당하는 기관이에요. 씨를 만드는 곳이죠. 식물이 번식을 하려면 꽃가루받이를 해야 해요.

열매는 스쳐 지나가는 동물의 털에 몰래 붙어 멀리 이동해요. 그 외에도 폭죽처럼 씨방을 터뜨려서 씨를 뿌리는 식물도 있어요. 또는 물가에 사는 야자 같은 나무는 자기 열매를 경사진 땅에 떨어뜨려 물까지 굴러가게 해서 물에 띄워 이동시켜요.

 이렇듯 식물의 기능과 능력은 알면 알수록 신기해요. 그런데 그 놀라운 기능은 아주 작은 '세포'에서부터 나온 거예요. 식물뿐 아니라 모든 생물은 맨눈에는 안 보이는 세포로 이루어져 있어요. 현미경으로만 보이는 세포는 성벽 모양을 한 것도 있고 물거품 모양을 한 것도 있어요. 또 세포 속에는 작은 점 모양의 '핵'이 있어요. 세포의 핵은 무척 중요한데 핵에서 생명 활동을 조절하기 때문이에요. 따라서 세포가 있느냐 없느냐에 따라 생물과 무생물이 구분되어요. 우리가 동시를 읽고 생각하는 것, 식물의 구조와 기능을 이해하는 것은 세포에서 시작한 (높은 수준의) 생명 활동을 하는 거예요. '나'를 이루고 있는 모든 세포가 바로 '나'예요.

• 아래의 두 물음을 읽고
  스스로의 생각을 자유롭게 써 보아요.

1. 만약에 동물도 식물처럼 광합성을 한다면 지구에 어떤 일이 일어날까요?

2. 대개의 식물은 초식동물에게 먹이가 되어요. 식물을 이롭게 하는 동물도 있을까요? 있다면, 어떤 동물이 어떤 식물에게 어떤 이로움을 줄까요?

# 4 뭐든 잘 보이게 해 주는 '렌즈'

빛은 불투명한 물체에 닿으면 그림자를 만들어요.
빛이 투명한 물체에 닿으면 어떻게 될까요?
볼록 렌즈로 사물을 보면 어떻게 보일까요?
오목 렌즈는 무엇에 사용할까요?
안경은 어떤 원리로 만들까요?
망원경은 어떻게 먼 곳까지
볼 수 있게 할까요?
빛과 렌즈의 성질에 관하여 알아보아요.

빛과 렌즈

## 0과 8 그리고 1

0은 볼록 렌즈의 별명이에요.
아빠처럼 허리가 볼록해서요.
8은 오목 렌즈의 별명이에요.
엄마처럼 허리가 오목해서요.

8이 0에게 말했어요.
"눈 나쁜 사람들은 나를 쓰고 다녀.
나는 먼 곳도 잘 보이게 해 주거든.
그래서 안경의 모양은 8이야."

0은 8의 말을 들여다보았어요.
8의 말을 확대해 보니
8의 말이 크게 보였어요.
0도 8에게 뽐내고 싶었어요.

그래서 0도 8에게 말했어요.
"나는 먼 곳은 잘 볼 수 없지만
가까운 것을 크게 보이게 해.
돋보기가 바로 나거든."

말은 그렇게 했어도 0의 속마음은
8처럼 먼 곳도 잘 보고 싶었어요.
이때 빛이 0의 볼록한 배를 비추었어요.
빛은 늘 자세가 곧아서 별명이 1이에요.

1이 0에게 말했어요.
"너는 8보다 훨씬 먼 곳을 볼 수 있어.
너 혼자선 안 되지만, 0과 0이나
0과 8이 나열하면 더 먼 곳도 볼 수 있어."

곧은 말만 하는 1을 잘 알고 있는
0과 8은 1을 의심하지 않았어요.
0과 8은 1의 말대로 나란히 서 보았어요.
그랬더니 먼 산까지 훤히 보였어요.

이유를 알 수 없어 0과 8은 갸웃했어요.
1이 뚫린 대나무 속을 비추며 말했어요.
"너희 둘이 나란히 서면 망원경이 돼.
너희를 통과하는 내가 퍼지고 모이거든."

둘이 협동하면 혼자일 때보다
아주 먼 곳도 잘 볼 수 있어서
0과 8은 기뻤어요.
한데, 마음을 볼 수 있는 렌즈도 있을까요?

　사물에 그림자가 생기는 것은 사물이 빛을 가로막았기 때문이에요. 흐르는 계곡물이 바위에 부딪히면 휘어지지만, 빛은 항상 곧게만 뻗어 나가요. 빛의 성질이 그러해서 아주 멀리 떨어져 있는 태양의 밝은 빛이 약 8분 동안이나 곧장 뻗어 와서 지구에도 닿는 거예요. 그 빛이 건물 같은 불투명한 사물에 가로막히면 그 사물의 그림자가 생겨요.

　하지만 사물이 유리창같이 투명하면 빛은 그 사물을 곧장 통과해 버려요. 이때 그 사물이 평평한 유리창이면 빛은 꺾이지 않고 그대로 통과해요. 반면에 투명한 사물이 도수 있는 안경알처럼 평평하지 않으면 빛은 그 사물

빛의 성질을 이용해서 오래전부터 사람들은 렌즈를 만들어 사용해 왔어요. 렌즈를 통해 보이는 대상의 모습이 맨눈으로 볼 때보다 더 선명하게 보이거나 크게 보이기 때문이죠.

의 고르지 않은 두께에서 생긴 각도대로 나아가는 방향이 꺾여요. 이 자연 현상을 빛의 굴절이라고 해요. 그런데 이런 빛의 굴절에는 공통된 성질이 있어요. 그것은 빛은 항상 투명한 물체의 두꺼운 쪽으로 꺾여 나간다는 거예요.

이런 빛의 성질을 이용해서 오래전부터 사람들은 렌즈를 만들어 사용해 왔어요. 렌즈는 유리나 정밀하게 만든 플라스틱 등의 투명한 재료를 오목하거나 볼록한 모양으로 만들어 빛을 퍼지게 하거나 모이게 하는 기구예

요. 사람들은 왜 렌즈를 오목하거나 볼록하게 만들었을까요? 그것은 렌즈의 모양에 따라 빛이 퍼지거나 모일 때 렌즈를 통해 보이는 대상의 모습이 맨눈으로 볼 때보다 더 선명하게 보이거나 크게 보이기 때문이에요. 그럼 두 가지 모양으로 구분되는 오목 렌즈와 볼록 렌즈에 대해 알아볼까요.

오목 렌즈는 렌즈의 가장자리에 비해 가운데 부분이 얇아요. 오목 렌즈의 성질을 이용한 대표적인 렌즈는 '근시경'이에요. 근시경(近視鏡)의 뜻은 한자로 이해하면 쉬워요. 가까울 근(近), 볼 시(視), 거울 경(鏡)이에요. 그래서 근시경은 '가까운 것을 잘 볼 수 있는 사람이 쓰는 안경'이라고 말할 수 있어요. 근시인 사람은 가까이 있는 사물은 잘 볼 수 있지만 멀리 있는 사물은 잘 볼 수 없어요. 정상인보다 안구(눈)의 앞뒤 길이가 길고 수정체 두께를 조절할 수 없기 때문이에요. 근시경은 렌즈 중앙의 오목한 부분이 빛을 부챗살처럼 퍼지게 하여 근시인 사람 안구의 가장자리까지 빛이 퍼져 멀리 있는 사물도 잘 보이게 해 주어요.

반면에 볼록 렌즈는 렌즈의 가장자리에 비해 가운데 부분이 두꺼워요. 돋보기, 현미경, 망원경, 원시경 등에 쓰이는 볼록 렌즈는 오목 렌즈보다 더 여러 모로 이용되어요. 먼저 오목 렌즈인 근시경과 반대 기능을 하는 '원시경'에 대해 알아볼까요. 원시경(遠視鏡)의 뜻도 한자로

볼록 렌즈는 가장자리에 비해 가운데 부분이 두꺼워요. 볼록한 부분이 빛을 깔때기처럼 모아 가까이 있는 사물도 잘 보이게 해 주어요.

이해하면 쉬워요. 멀 원(遠), 볼 시(視), 거울 경(鏡)이에요. 그래서 원시경은 '먼 것을 잘 볼 수 있는 사람이 쓰는 안경'이라고 말할 수 있어요. 원시인 사람은 멀리 있는 사물은 잘 볼 수 있지만 가까이 있는 사물은 잘 볼 수 없어요. 정상인보다 안구(눈)의 길이가 짧고 수정체의 두께를 조절할 수 없기 때문이에요. 원시경은 렌즈 중앙의 볼록한 부분이 빛을 깔때기처럼 모으게 하여 원시인 사람 안구의 가운데로 빛을 모아 가까이 있는 사물도 잘 보이게 해 주어요.

볼록 렌즈는 빛을 집중시켜요. 볼록 렌즈 덕분에 현미경이 발명되어 과학을 크게 발전시켰어요. 현미경이 발명된 후 사람들은 아주 작은 것들을 관찰할 수 있게 되었어요. 세균은 아주 작은 생물이어서 시력이 꽤 좋은 사람도 맨눈으로는 도저히 볼 수 없어요. 하지만 볼록 렌즈로 만든 현미경으로 보면 실제보다 무려 1000배나 확대된 크기로 관찰할 수 있어요. 또한 시력이 나빠진 어르신들이 흔히 사용하시는 돋보기 역시 볼록 렌즈로 만들어요. 신문 같은 작은 글씨를 읽거나 바늘귀에 실을 꿸 때 돋보기는 꽤 쓸모 있어요.

망원경은 주로 2개의 볼록 렌즈를 배열해서 만들어요. 약 400년 전에 갈릴레오 갈릴레이가 만들어 사용한 접안 망원경은 오목 렌즈와 볼록 렌즈를 배열하여 달 같은 먼 거리의 사물을 관찰했어요. 하지만 그 망원경은 시야가 좁은 단점이 있어서 이후에 과학자들이 기술을 발전시켜 만든 망원경은 주로 2개의 볼록 렌즈를 이용한 것이에요. 2개의 볼록 렌즈를 사용해 만든 망원경은 빛을 렌즈의 한가운데로 모아서, 바라보는 대상을 확대시키는 볼록 렌즈의 성질과 원리를 이용한 것이에요.

볼록 렌즈의 특징 중 하나는 볼록 렌즈로 햇빛을 모으면 그 부분이 주변보다 훨씬 밝아지고 온도도 주변보다 훨씬 높아진다는 거예요. 렌즈 전체 면적을 통과한 햇빛

이 한가운데에 모여서 그만큼 더 밝아지고, 그만큼 온도도 높아지는 거예요. 그런데 볼록 렌즈가 빛을 모아 생긴 초점이 그 거리를 넘어서면 빛은 다시 퍼져 나가요. 그리고 신기하게도 볼록 렌즈는 한 팔 길이보다 먼 거리에 있는 것을 바라보면 그 모습이 거꾸로 보여요.

　어떤 모습이 거꾸로 보인다는 것은 자칫하면 실제 모습을 착각할 수 있게 해요. 이처럼 렌즈는 우리 생활에

꽤 쓸모 있지만 그 원리를 잘 알고 있어야 사실을 오해하지 않아요. 친구의 행동, 가족의 행동을 바라볼 때도 그 행동을 일으킨 마음을 잘 헤아려야 해요. 그렇지 않으면 친구나 가족의 행동을 자칫하면 오해할 수도 있으니까요.

- 아래의 두 물음을 읽고
  스스로의 생각을 자유롭게 써 보아요.

1. 망원경에 오목 렌즈 2개를 나열하여 사물을 바라보면 그 사물은 어떻게 보일까요?

2. 마른 낙엽에 돋보기로 햇빛을 모으면 잠시 후 열이 발생하여 낙엽이 불타요. 반면에 손전등의 빛을 돋보기로 모으면 낙엽은 아무렇지도 않아요. 그 이유가 무엇일까요?

# 5
# 제우스의 강력한 무기

전기는 무엇일까요?
형광등의 불빛은 어디에서 왔을까요?
냉장고와 컴퓨터는 어떤 힘으로 작동할까요?
전기 회로는
전지, 전구, 전선으로 이루어져 있어요.
그 기구에서 작용하는
전기의 성질에 관하여 알아보아요.

전기의 이용

## 아낌없이 주는 전지

태어났을 때가 가장 기운 센
저의 이름은 전지(電池)예요.
'번개의 연못'이라는 뜻이어서
저는 전기를 연못처럼 담고 있어요.

저는 하나일 때보다 둘일 때
더 큰 힘을 낼 수 있어요. 다만
두 개의 제가 따로따로 연결돼 있으면
저의 힘은 더해지지 않아요.

두 개의 제가 붙어서 나열하면
저의 힘은 두 배로 커져요.
제 직업은 전기를 주는 일이지만 제가
열차처럼 줄지으면 더 센 전기를 주어요.

반대로 저의 전기를 받는 입장에서는
열차처럼 줄지어 전기를 받을 때보다
따로따로 받아야 더 센 전기를 얻어요.
개인별로 상 받을 때 더 격려되듯 말예요.

전구에게 저의 전기를 주어 볼까요?
두 개의 저를

[ + - ] [ + - ]

이렇게 일렬로 연결하면


[ + - ]

[ + - ]

이렇게 떼어서 연결할 때보다
전구 빛이 더 밝아요.

전구가 저의 전기를 받을 때는 어떨까요?
두 개의 전구를

♤ ♤

이렇게 일렬로 연결하는 것보다


♤

♤

이렇게 떼어서 저에게 연결하면
전구 빛이 더 밝아요.


무엇이든 줄 때는 방향이 있어요.
저는 (+)에서 출발해 전기를 주고서
전류를 따라 (-)로 돌아와요.
돌아올 곳이 없으면 줄 수도 없어요.

　물질을 나누는 기준은 다양해요. 불에 잘 타거나 잘 타지 않는 것으로 나눌 수도 있고, 물에 잘 녹거나 물에 녹지 않는 물질로 나눌 수도 있어요. 또는 전기가 통하는 물질과 그렇지 않은 물질로도 나눌 수 있어요. 철, 알루미늄, 구리 등의 금속처럼 전기가 잘 통하는 물질을 도체(導體)라고 해요. 한자로는 소통할 도(導), 몸 체(體)예요. '(전기가) 통하는 물체'라는 뜻이에요. 반면에 나무, 모래, 유리, 고무 등과 같이 전기가 통하지 않는 물질을 '부도체'라고 해요. 부도체(不導體)는 도체 앞에 '아닐 부(不)' 자가 붙어 있어서 말뜻대로 '(전기가) 통하는 않는 물체'예요. 참고로, 컴퓨터의 부품인 반도체(半導體)는 도체 앞에 '절반 반(半)' 자가 붙어 있어요. 그래서 반도체는 전기가 통하기도 하고 안 통하기도 하는 물체예요. 반도체는 낮은 온도에서는 전기가 거의 안 통하지만 높은 온도에서는 전기가 잘 통해요.

전지, 전구, 전선을 이용하여 전기의 작용을 알 수 있어요. 이 세 가지 부품은 도체와 부도체의 성질을 이용하여 만들었어요. 전지는 전기를 사용하기 위해 전기를 모아 놓은 부품이고, 전구는 전기를 받아 빛을 내는 부품이에요. 그리고 전선은 전기를 필요한 곳에 흘려보내는 부품이에요. 이 부품들을 서로 연결하여 전기가 흐르도록 만든 장치를 전기 회로라고 해요. 전기는 전기를 보내는 곳에서 전기를 받는 곳으로 전달되는데, 이때 전기가 이동하는 현상을 전류(電流)라고 해요. 한자는 번개 전(電), 흐를 류(流)예요. 전기가 강물처럼 흐른다는 뜻이지요.

전지의 전기를 전선을 통해 전구에 보내려면 반드시

전선을 전지의 (+)극과 (−)극에 닿게 해야 해요. (+)극이든 (−)극이든 어느 한쪽만 닿아서는 전류가 흐르지 않아요. 그런데 2개 이상의 전지로 전구에 전류를 보낼 때에는 그 전지들을 어떻게 연결하느냐에 따라 전기의 양이 달라져 전구 빛의 밝기도 달라져요. 앞의 동시처럼, 전지를 [ + − ][ + − ] 이렇게 열차처럼 일렬로 나열하는 방식을 직렬연결이라고 해요. 직렬(直列)의 한자는 곧을 직(直), 줄 렬(列)이에요. 그리고 전지들을 각각 떼어서

전구는 전기를 받아 빛을 내는 부품이에요. 전지의 전기를 전선을 통해 전구에 보내려면 반드시 전선을 전지의 (+)극과 (−)극에 닿게 해야 해요.

전선에 연결하는 방식을 병렬연결이라고 해요. 병렬(竝列)의 한자는 나란히 병(竝), 줄 렬(列)이에요. 그럼 2개 이상의 전지들을 어떻게 연결하면 전기의 힘이 더 커질까요? 2개 이상의 전지들을 병렬연결할 때보다 직렬연결할 때 전기의 힘이 더 커져요. 그래서 전구의 빛도 더 밝아져요.

전지의 전류를 받는 전구도 2개 이상일 때는 전구들의 나열 방식에 따라 전구 빛의 밝기가 달라져요. 이 역시 각각의 전구에 전기의 힘이 얼마큼 작용하느냐에 따라 전구들의 밝기가 달라져요. 방금 말했듯이, 전지들이 전구에 전기를 줄 때는 직렬로 한데 모아서 주어야 전기의 힘이 더 커져요. 그래서 전구의 빛이 밝아져요. 그런데 전구가 전기를 받을 때는 둘 이상의 전구들이 하나의 전선에 흐르는 전류를 직렬로 받으면 전기의 힘을 전구의 수만큼 나누어 가져야 해서 전기를 많이 받을 수 없어요. 그래서 전구의 수만큼 전선의 갈래를 따서 전류를 따

로따로 받으면(병렬연결) 각각의 전구에 전기를 많이 받게 되어 전구들의 빛이 더 밝아져요.

그런데 한 방향으로 흐르는 강물처럼 전류에도 전기가 흐르는 방향이 있어요. 전기 회로에서 전류가 흐르는 방향은 전지의 (+)극에서 (-)극으로 흘러요. 전기 회로에서 전류의 방향을 화살표로 표시하면 '전지(+) → 전

선 → 전구 → 전선 → 전지( − )'예요. 다시 말하면, 전지의 ( + )극에서 나온 전류는 전구의 꼭지 - 필라멘트 - 꼭지쇠를 거쳐 전선을 타고 한 바퀴 돌아서 전지의 ( − )극으로 들어가요. 이때 전선은 자석이 되어요. 전류가 흐르지 않을 때에는 자석의 성질이 없던 전선이 전류가 흐르는 동안에는 자석이 되는 거예요. 그래서 이때 전선에 나침반을 가까이 가져가면 나침반의 바늘이 반응하여 방향을 바꾸어요.

이처럼 전류가 흐르지 않을 때는 자석의 성질이 없다가, 전류가 흐를 때에는 자석의 성질이 생기는 물체를 전자석이라고 해요. '전기 자석'의 준말인 셈이에요. 전자석도 자석과 똑같이 N극과 S극이 나타나요. 그런데 전자석은 N극과 S극이 항상 고정되어 있는 자석과 다르게 전류의 방향을 바꾸면 N극과 S극의 방향도 바뀌어요. 그리고 전자석은 전류의 세기에 따라서 자석의 세기도 바뀌어요. 전류에 흐르는 전기의 세기가 약하면 전자석의 세

기도 약해지고, 전류에 흐르는 전기의 세기가 강하면 전자석의 세기도 강해져요.

 전자석의 성질을 이용해 만든 생활용품은 많아요. 모터로 작동하는 세탁기, 헤어드라이어, 선풍기, 에어컨이나 냉장고 부품 등이 그것이에요. 또한, 스피커나 폐차장에서 자동차를 들어 올리는 기중기도 전자석의 성질을 이용해 만들었어요. 이처럼 전기는 우리 생활에서 폭넓

전기는 우리 생활에서 폭넓게 사용되고 있어요. 자연을 해치지 않고 적은 비용으로 안전하게 전기를 생산할 수 있는 새로운 기술도 계속 개발해야 해요.

게 사용되고 있어요. 만약에 전기를 사용할 수 없게 된다면 100년 전으로 돌아갈 거예요. 그런데 이처럼 편리한 전기를 생산하려면 많은 자원과 비용과 위험과 노력이 따라야 해요. 자연을 해치지 않고 적은 비용으로 안전하게 전기를 생산할 수 있는 새로운 기술도 계속 개발해야겠지만, 당장은 전기를 낭비하면 안 되겠어요.

• 아래의 두 물음을 읽고
  스스로의 생각을 자유롭게 써 보아요.

1. 전기를 만들려고 사람들은 석유나 석탄을 태우거나, 자연을 훼손하여 댐을 만들거나, 큰 재난이 발생하면 무척 위험한 원자력을 이용해요. 공해를 일으키지 않고, 자연도 훼손하지 않고, 위험하지도 않으면서 충분한 전기를 생산할 수 있는 방법은 무엇일까요?

2. 전기뱀장어는 악어를 감전시켜 물리칠 만큼 아주 센 전기를 스스로 만들어 내요. 그것은 어떻게 가능할까요? 그리고 그 원리를 기술로 응용할 수 있는 방법이 있을지 생각해 보아요.

5 제우스의 강력한 무기

# 6
# 태양을 도는 지구의 계절 여행

왜 낮에는 기온이 올라가고
아침과 저녁에는 기온이 내려갈까요?
왜 그림자의 길이는 같은 시간임에도
계절에 따라 달라질까요?
왜 여름에는 해 뜨는 시간이 빨라지고
겨울에는 늦어질까요?
우리나라를 중심으로
지구의 계절 변화에 관하여 알아보아요.

계절의 변화

## 은하철도 지구호의 안내 방송

지구호의 승객 여러분 안녕하십니까.
지금 우리는 태곳적부터 태양을 도는
지구호를 타고 **계절** 여행 중입니다.
특히 한반도 객실의 승객 여러분,
오늘도 멋진 계절 여행 하시기 바랍니다.

이번 역은 **춘분**! 춘분역입니다.
내리실 문은 **12시 방향**입니다. 다만
정차할 수 없어서 지나가겠습니다.
한반도에는 곧 꽃들이 피어날 겁니다.
객실에서 따뜻한 **봄**을 즐기시기 바랍니다.

이번 역은 하지! 하지역입니다.
내리실 문은 9시 방향입니다. 다만
이 역도 정차할 수 없어서 지나가겠습니다.
한반도에는 곧 무더위가 기승할 겁니다.
객실에서 뜨거운 여름을 견디시기 바랍니다.


이번 역은 추분! 추분역입니다.
내리실 문은 6시 방향입니다. 다만
역시 정차할 수 없어서 지나가겠습니다.
한반도에는 곧 단풍이 들고 잎이 질 겁니다.
객실에서 청명한 가을을 누리시기 바랍니다.

이번 역은 **동지**! 동지역입니다.
내리실 문은 **3시 방향**입니다. 다만
여전히 정차할 수 없어서 지나가겠습니다.
한반도에는 곧 한파가 몰아닥칠 겁니다.
객실에서 추운 **겨울**을 이기시기 바랍니다.

은하철도 지구호는 태양계 순환선입니다.
해마다 한반도는 춘하추동 역을 지나갑니다.
계절마다 지구호엔 태양 높이가 달라져
낮 시간도 달라지고 기온도 달라집니다.
태양은 한결같지만 계절은 거듭 바뀝니다.

지구호는 1년마다 태양 주위를 돌며
**24절기**를 여행하는 우주 열차입니다.
지구호는 오른쪽으로 조금 기울었지만
그 덕분에 한반도엔 24절기가 있습니다.
올해도 여러 절기 여행 하시기 바랍니다.

　우리나라에서 바라보면 매일 아침마다 동쪽 하늘에서 떠오른 태양은 한낮에 남쪽 하늘을 지나서 저녁 무렵에는 서쪽 하늘로 기울어요. 이처럼 태양은 아침과 저녁 무렵에는 하늘에 낮게 떠 있고 한낮에는 높이 떠 있어요. 태양의 높이는 각도로 나타낼 수 있어요. 태양이 지구 표면과 이루는 각을 태양 고도라고 해요. 고도(高度)의 한자는 높을 고(高), 법도 도(度)예요. 즉 고도는 '(태양의) 높은 정도'를 뜻해요. 태양의 고도에 따라 그림자의 길이는 달라져요. 태양 고도가 높아지면 햇빛을 받은 물체의 그림자 길이는 짧아지고, 태양 고도가 낮아지면 햇빛을 받은 물체의 그림자 길이는 길어져요.

또한 태양 고도가 높아지면 태양의 빛이 지구 표면에 비교적 직접 닿아 그 열기가 강해져 지구 표면의 온도가 높아져요. 반대로 태양 고도가 낮아지면 태양의 빛이 지구 표면에 비스듬히 닿아 그 열기가 약해져 지구 표면의 온도가 낮아져요. 태양 고도가 낮은 아침이나 저녁 무렵보다 태양 고도가 높은 한낮에 지구 표면의 온도가 높은 이유는 그 때문이에요. 지구 표면의 온도가 높아지면 지구 표면은 데워져요. 데워진 지구 표면은 공기의 온도를 높여요. 그래서 한낮의 기온이 아침이나 저녁 무렵보다

태양은 아침과 저녁 무렵에는 하늘에 낮게 떠 있고 한낮에는 높이 떠 있어요. 태양의 높이는 각도로 나타낼 수 있어요. 태양이 지구 표면과 이루는 각을 태양 고도라고 해요.

높아요. 따라서 지구 표면과 마찬가지로 태양 고도가 높아지면 기온도 높아지고, 태양 고도가 낮아지면 기온도 낮아져요. 그런데 기온은 지구 표면이 데워진 다음에야 높아지므로, 하루 중 기온은 태양 고도가 가장 높았을 때보다 보통 한두 시간쯤 지나서 가장 높아져요.

　태양 고도는 태양이 하늘의 어느 위치에 있을 때 가장 높을까요? 적도 아래쪽에 위치한 호주에서 바라볼 때는 태양이 북쪽 하늘에 위치했을 때 태양 고도가 가장 높아요. 반면에 적도 위쪽에 위치한 우리 한반도에서 바라볼 때는 태양이 남쪽 하늘에 위치했을 때 태양 고도가 가장 높아요. 그때를 태양이 남쪽 하늘의 중앙에 와 있다는 뜻에서 태양이 '남중'했다고 말해요. 그리고 그때의 태양 고도를 태양의 '남중 고도'라고 해요. 남중(南中)의 한자는 남녘 남(南), 가운데 중(中)이에요. '남쪽 한가운데'라는 뜻이에요.

우리나라의 경우, 여름에는 새벽 5시만 되어도 날이 밝아지는 반면, 겨울에는 아침 7시가 되어도 해가 뜨지 않아 어두컴컴해요. 또 봄과 가을에는 아침 6시 반경이면 해가 떠요. 이런 차이는 왜 생기는 걸까요? 계절마다 낮의 길이가 다르기 때문이에요. 낮은 태양이 보이기 시작하여 보이지 않을 때까지를 뜻해요. 그럼 왜 계절마다 낮의 길이가 달라지는 걸까요? 낮의 길이는 태양의 남중 고도에 따라 변해요. 즉 태양의 남중 고도가 높아지면 낮의 길이가 길어지고, 태양의 남중 고도가 낮아지면 낮의 길이도 짧아져요. 그러므로 태양의 남중 고도에 따라서 계절이 바뀌는 거예요.

태양의 남중 고도는 왜 바뀌게 되는 걸까요? 그것은 자전축을 중심으로 매일 한 바퀴씩 자전하는 지구가 태양 주위를 1년에 한 바퀴씩 공전하기 때문이에요. 그런데 여기서 중요한 것은 지구의 자전축이 공전 궤도면에 대하여 오른쪽으로 23.5도 기울어져 있다는 사실이에요.

마치 비스듬히 회전하는 팽이처럼 말이에요. 만약에 지구가 공전하지 않거나, 공전하더라도 지구 자전축이 비스듬히 기울어져 있지 않다면 계절의 변화는 없을 거예요. 다시 말해, 만약에 지구의 자전축이 공전 궤도면에 대하여 수직을 이루고 있다면 지구가 공전하든 공전하지 않든 지구의 남중 고도는 항상 일정하고 낮의 길이도 한결같을 거예요. 따라서 남중 고도가 가장 높을 적도 지

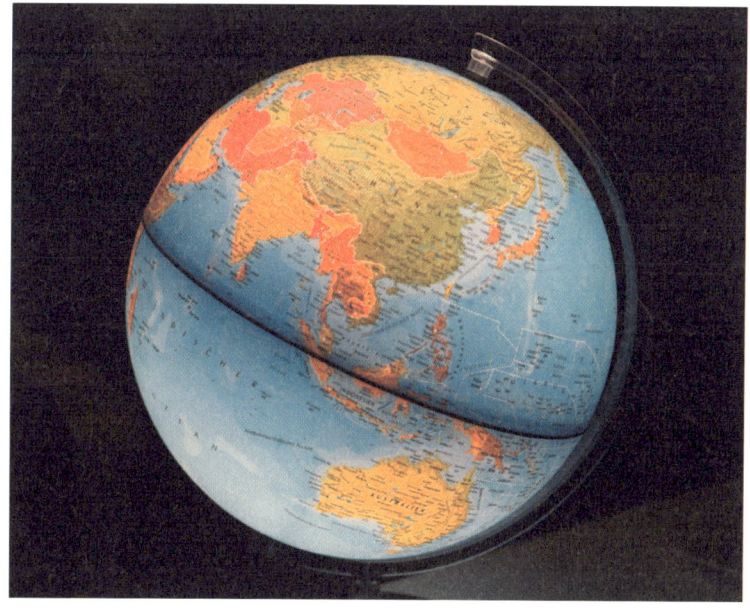

지구의 자전축은 공전 궤도면에 대하여 오른쪽으로 23.5도 기울어져 있기 때문에 계절의 변화가 있는 거예요.

역은 항상 여름일 테예요. 그다음으로 남중 고도가 높을, 적도와 북극(남극)의 중간 지역은 항상 봄가을일 테예요. 그리고 남중 고도가 가장 낮을 북극(남극) 지역은 항상 겨울일 거예요.

하지만 방금 얘기했듯, 지구는 공전 궤도면에 대하여 자전축이 오른쪽으로 23.5도 기울어진 채 태양 주위를 공전하고 있어요. 그래서 공전하는 지구의 위치에 따라 태양의 남중 고도와 낮의 길이가 바뀌게 되어요. 그리고 이에 따라서 지구의 계절도 바뀌게 되어요. 한반도를 기준으로 설명하자면, 태양을 중심에 두고 공전하는 지구가 12시 방향에 위치할 때는 춘분(봄)이 되어요. 지구는 자전하는 방향과 마찬가지로 시계 반대 방향으로 공전해요. 그래서 12시 방향에서 이동하여 9시 방향에 지구가 위치할 때는 하지(여름)가 되어요. 계속 시계 반대 방향으로 공전해서 6시 방향에 지구가 위치할 때는 추분(가을)이 되고, 3시 방향에 위치할 때는 동지(겨울)가 되어

요. 그리고 지구가 다시 12시 방향에 위치하면 다음번 춘분(봄)이 되는 거예요.

 우리나라의 경우, 태양의 주위를 공전하는 지구가 12시 방향(춘분)과 6시 방향(추분)에 위치했을 때는 남

중 고도가 비슷해요. 그때는 지구의 자전축이 오른쪽으로 기울어져 있든 왼쪽으로 기울어져 있든 상관없이 태양의 남중 고도가 같기 때문이에요. 하지만 지구가 9시 방향(하지)에 위치하면 ☽⋯☀의 상태여서 ==한반도의 남중 고도는 높아지고 낮의 길이는 길어져서 여름==이 되어요. 반면에 지구가 3시 방향(동지)에 위치하면 ☀⋯☽의 상태여서 ==한반도의 남중 고도는 낮아지고 낮의 길이는 짧아져서 겨울==이 되어요. 한편 적도와 남극 사이에 위치한 호주는 우리나라가 여름일 때는 겨울이 되고, 우리나라가 겨울일 때는 여름이 되어요. 그래서 호주의 크리스마스는 여름이에요.

• 아래의 두 물음을 읽고
  스스로의 생각을 자유롭게 써 보아요.

1. 우리나라와 달리 봄, 여름, 가을, 겨울의 계절 변화가 일어나지 않는 곳도 있어요. 그곳은 어디이며, 그 이유는 무엇일까요?

2. 지구의 자전축은 오른쪽으로 23.5도 기울어져 있어요. 만약에 지구의 자전축이 오른쪽으로 90도 기울어져 있다면, 우리나라의 계절은 지금의 어느 나라와 비슷할까요? 지구본을 참고하여 대답해 보아요.

# 7
## '불의 꽃'은 어느 때 피어날까?

장작불이든, 촛불이든, 가스 불이든, 산불이든
불은 왜 발생할까요?
반면에, 불을 끄려면 어떻게 해야 할까요?
불이 생기는 세 가지 조건과
불이 꺼지는 세 가지 조건에 관하여
알아보아요.

연소와 소화

## 양초의 축하 인사

**연소**야, 생일 축하해!
너의 열세 번째 생일을 축하하려고
밝은 케이크를 준비했어.
그 위에서 나는 빙판의 요정처럼 서서
샛노란 촛불로 너에게 박수를 보내.

나의 직업은 어둠을 쫓는 일이야.
불의 꽃을 피우는 나는 울보여서
주르륵 고드름 눈물을 흘려.
나의 노란 화살촉에 쫓겨난
어둠에게 미안해서 눈물을 흘리는 거야.

촛불을 피울수록 내 몸은 줄어들어.
촛불은 눈물로 피는데, 내 몸이 눈물이거든.
그래서 촛불은 내 몸으로 눈물을 흘려.
그런 나는 고체로 태어나 액체로 일하다가
불의 꽃과 함께 기체가 되어 사라져.

나의 친구는 **산소**야.
그 친구는 아주 많아.
열 명의 공기 중에서 두 명이 **산소**거든.
그 친구가 없으면 나는 일할 수 없어.
너에게 **산소**가 꼭 필요하듯 내게도 그래.

나의 또 다른 친구는 **뜨거움**이야.
이름이 좀 독특하지.
이름대로 이 친구는 화끈해.
그래서 이 친구는 인기가 많아.
나뿐만 아니라 모든 불꽃들이 좋아해.

세상의 불꽃들이 하는 일은 여러 가지야.
나와 함께 어둠을 밝히는 촛불도 있고
음식을 하거나 추위를 쫓는 가스 불도 있어.
불은 잘 쓰면 행복의 꽃이 되지만
잘못 쓰면 불행의 씨앗이 될 수도 있어.

아주 오래전, 우리의 먼 조상은 어느 날 처음으로 '불'을 사용하게 되었어요. 불을 사용하기 시작하면서 사람들의 생활에는 큰 변화가 생겼어요. 날것으로만 먹던 음식을 불에 구워 먹게 되었고, 나무에 불을 지펴 추위를 피할 수 있었어요. 더 지나서는 구리나 철을 녹여 연장, 그릇, 사냥 도구, 무기 등을 만들 수 있었어요. 당시에는 마른풀이나 낙엽, 마른나무가 땔감으로 사용되었을 거예요. 자연환경에서 손쉽게 구할 수 있는 물질이 그것들이었을 테니까요. 나무나 마른풀뿐만 아니라 석탄, 석유, 천연가스, 초, 종이, 섬유, 기름, 나무(숯)에 불을 붙이면 열과 빛이 생겨나요. 이렇게 불태웠을 때 열과 빛이 생기는 물질을 탈 물질이라고 해요. 불을 일으키기 위해 재료로 쓰는 '탈 물질'은 우리 생활에서는 주로 집이나 건물을 난방하거나 음식을 만들 때 사용해요.

그런데 탈 물질에 불을 일으키려면 탈 물질뿐만 아니라 두 가지 조건이 더 있어야 해요. 그중 하나는 **산소**예

요. 산소는 지구 공기의 20퍼센트를 차지하는 기체인데, 이 산소가 물질이 불타는 것을 도와줘요. 불이 붙을 만큼 뜨거워진 탈 물질은 산소를 만나면 열과 빛을 내면서 불타요. 이런 현상을 연소라고 해요. 연소(燃燒)의 한자는 불탈 연(燃), 불사를 소(燒)예요. 탈 물질에 산소가 충분하면 탈 물질이 모두 탈 때까지 연소는 계속되어요. 난로, 화로, 남포등, 양초 등은 이런 원리를 이용해 만들었어요. 반면에 아무리 잘 타는 물질이라도 산소를 만나지 못하면 연소는 이루어지지 않아요.

산소를 만나야 하는 조건 말고도 탈 물질에 불을 일으키려면 불이 붙을 만큼의 온도가 필요해요. 어느 날 숲에 벼락이 떨어져 어떤 나무에 불이 붙어 산불이 일어나는 것처럼 말이에요 이처럼 탈 물질이 있는 곳에 온도를 충분히 높이면 일부러 불을 붙이지 않아도 탈 물질이 저절로 연소해요. 어떤 탈 물질이 연소하기 시작하는 높은 온도를 그 물질의 발화점이라고 해요. 발화점(發火點)의 한자는 일어날 발(發), 불 화(火), 점 점(點)이에요. 그래서 탈 물질이 연소하려면 발화점에 다다를 때까지 탈 물질에 열을 가하거나 그 이상으로 주위의 온도를 높여 주어야 해요. 오늘날에는 라이터 등을 사용해 쉽게 발화시키지만, 오래전 우리의 조상들이 불을 다루게 되었을 때는 다시 불을 지피기 위해서는 나뭇가지를 이용해 마찰을 일으키거나 마른풀에 대고 부싯돌을 부딪쳤어요. 자연 상태에서 발화점에 도달할 때까지 열을 가할 수 있는 가장 쉬운 방법은 그것이기 때문이에요. 또는 돋보기로 햇빛을 모아서 종이나 마른풀에 열을 가하여 발화시킬 수도 있어요.

이처럼 연소하려면 탈 물질이 있어야 하고, 그 주변에 산소가 있어야 하고, 발화점 이상의 온도가 필요해요. 이 세 가지 조건 중에서 한 가지라도 빠지면 연소는 일어나지 않아요. 그래서 불타고 있는 불을 끌 때는 이 원리를 이용해요. 즉, 연소의 세 가지 조건 중에서 한 가지 이상의 조건을 없애 불을 끄는 것을 소화라고 해요. 소화(消

火)의 한자는 <mark>사라질 소</mark>(消), <mark>불 화</mark>(火)예요. '불이 사라진다.'는 말이에요. 예를 들어 볼까요. 모닥불의 땔감이 시간이 지나서 모두 타 버리면 더 이상 탈 물질이 없어서 저절로 불이 꺼져요. 불붙은 알코올램프에 뚜껑을 씌우면 램프 심지가 산소를 만나지 못해 램프의 불이 꺼져요. 장작불에 물을 부어 장작의 온도를 발화점 이하로 낮추면 장작불은 꺼져요. 이처럼 연소의 조건 중 하나라도 문제가 되면 소화가 일어나요. 그래서 <mark>연소와 소화는 조건이 같아요.</mark>

화재가 발생하면 소화의 세 조건을 이용해 최대한 침착하게 불을 꺼야 해요. 물질의 온도를 낮추고 산소를 차단하여 연소의 조건을 서둘러 제거해야 해요.

7 '불의 꽃'은 어느 때 피어날까?

따라서 만약에 화재가 발생하면 소화의 세 조건을 이용해 최대한 침착하게 불을 꺼야 해요. 화재는 초기에 잡을수록 인명과 재산 피해를 줄일 수 있기 때문이에요. 그래서 화재가 발생하면 비상벨이나 큰 소리로 주변 사람들에게 알리고, 소화기나 물, 모래, 담요 등으로 불타고 있는 물질의 온도를 낮추고 산소를 차단하여 연소의 조건을 서둘러 제거해야 해요. 하지만 화재가 이미 커져 감당할 수 없으면 화재 장소에서 빨리 몸을 피해야 해요. 그때는 승강기는 사용하면 안 되어요. 전기 장치에 문제가 생기면 승강기에 갇힐 수 있기 때문이에요. 그리고 유독 가스를 마실 수도 있으니 물수건으로 코를 막고 몸을 낮추어 계단을 이용해 안전한 바깥으로 빠르게 몸을 피해야 해요. 그러는 동안에 약간의 여유가 있으면 서둘러 119에 화재 신고를 해야 해요.

오늘날 우리가 교통수단으로, 가정용으로, 산업용으로 가장 많이 사용하는 탈 물질은 '화석 연료'예요. **화석**

오늘날 가장 많이 사용하는 탈 물질은 '화석 연료'에요. 그 대표적인 종류는 석유, 석탄, 천연 가스예요.

연료는 먼 옛날에 살았던 식물이나 동물이 땅속에 묻힌 채 수억 년에 걸쳐 열과 압력을 받아 그 성질이 변한 물질이에요. 그 대표적인 종류는 석유, 석탄, 천연 가스예요. 이 화석 연료들은 한 번 쓰면 다시 사용할 수 없어요. 그 양도 정해져 있어서 훗날에는 바닥날 거예요. 또 다른 문제는 화석 연료를 태울 때마다 이산화 탄소가 나와서 지구의 기온을 높여 생태계에 여러 나쁜 일을 일으킨다는 것이에요. 이미 지구의 평균 기온은 지난 100년 동안 1도 가까이 올라갔어요. 1도의 차이가 별것 아닌 것 같아도 그 기온은 이전 1만 년 동안 오른 기온과 맞먹는대요.

지금처럼 화석 연료를 계속 사용하면 100년 후에는 지구의 평균 기온이 무려 6도나 더 올라가게 될 거라는 연구 결과도 있어요. 그러니 남아 있는 화석 연료를 아껴 써야 할 뿐만 아니라 그것을 대신할 수 있는, 안전하고 해롭지 않은 새로운 연료를 서둘러 개발해야겠어요. 그 성공의 열쇠는 바로 '과학'이 가지고 있어요.

- 아래의 두 물음을 읽고
  스스로의 생각을 자유롭게 써 보아요.

1. 건물에 불이 나면 보통은 한두 시간 안에 불을 끌 수 있어요. 반면에 산불이 나면 며칠 동안이나 불이 꺼지지 않는 경우도 있어요. 산불은 왜 소화하기 힘들까요?

2. 양초는 불탈수록 크기가 줄어들어요. 불타서 사라지는 양초는 어떻게 될까요?

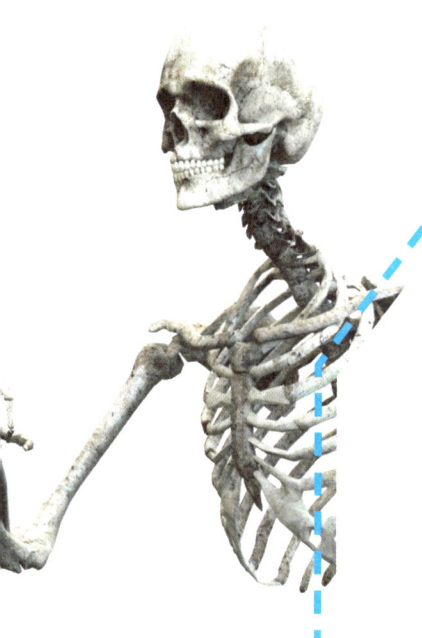

# 8
# 하나이면서 각각인 우리 몸

우리 몸은 어떻게 구성되어 있을까요?
우리 몸은 하나이지만 여섯 가지의 기관으로
이루어져 있어요.
그것은 숨 쉬고, 힘 쓰고, 소화시키고, 배설하고,
몸 바깥을 느끼는 것을
제각각 도맡는 기관이에요.
이 기관들이 어떤 기능을 하는지
알아보아요.

우리 몸의
구조와 기능

### 고마운 나에게

나야, 안녕?
누가 누구에게 인사하는 거냐고?
나야 나!
내가 나에게 인사하는 거야.

엄마 배 속에서부터 함께했는데
생각해 보니 인사조차 없었어.
그래서 나와 함께해 준 나에게
고맙다고 말하고 싶었어.

**뼈**와 **근육**아, 안녕?
몸을 움직이게 해 주어 고마워.
너희가 없으면 나는 꼼짝도 못 해.
덕분에 몸을 지탱하고 힘도 쓸 수 있어.

**소화 기관**아, 안녕?

음식물을 소화시켜 주어 고마워.

너희가 없으면 나는 굶어 죽고 말 거야.

덕분에 영양소를 흡수해 살아갈 수 있어.


**순환 기관**아, 안녕?

영양소와 산소를 운반해 주어 고마워.

너희 없이는 혈액을 운반할 수 없어.

덕분에 혈액을 온몸에 줄곧 보낼 수 있어.


**호흡 기관**아, 안녕?

숨 쉬게 해 주어 고마워.

너희 없이는 공기를 마시고 내쉴 수 없어.

덕분에 들숨과 날숨을 편히 쉴 수 있어.

**배설 기관**아, 안녕?
몸속 찌꺼기를 처리하게 해 주어 고마워.
너희 없이는 노폐물을 해결할 수 없어.
덕분에 몸속의 노폐물을 배설할 수 있어.

**감각 기관**아, 안녕?
몸 바깥 일에 반응하게 해 주어 고마워.
너희 없이는 아무것도 느낄 수 없어.
덕분에 내 주변을 알아차릴 수 있어.

**뇌**야, 안녕?
나에게 인사할 수 있게 해 주어 고마워.
네가 없으면 어떤 생각도 할 수 없어.
덕분에 네가 나라는 걸 알아차리게 되었어.

　바위나 모래, 맹물 같은 무생물과는 다르게 생물(生物)은 말 그대로 살아 있어요. 동물이든 식물이든 살아 있다는 것은 스스로 활동한다는 뜻이에요. 사람도 스스로 움직여요. 우리 몸에 뼈와 근육이 있어서 가능해요. 뼈와 근육의 기능은 다양해요. 우선, 척추뼈와 다리뼈는 인체를 지탱하고 이동할 수 있게 해요. 머리뼈는 뇌를 보호하고, 갈비뼈는 배 속의 내장을 보호해요. 팔뼈는 물체를 쥐거나 팔심을 쓸 수 있게 해요. 근육은 인체의 뼈에 연결되어 있어요. 근육은 마치 단단한 고무줄 다발 같아서 그 길이가 늘어나거나 줄어듦에 따라 뼈와 함께 움직여요. 축구를 할 때도, 밥을 먹을 때도, 피아노 건반을 칠 때도 근육은 뼈와 함께 움직이면서 필요한 만큼 힘을 써요. 갓난아기는 아직 근육이 발달되지 않아서 제 몸조차 가눌 수 없지만 점차 뼈와 근육을 사용해 배밀이도 하고 걸음마도 하게 되어요.

인체 구조의 요소 중 소화 기관이 있어요. 소화 기관은 음식물을 먹고 소화시키고 배출하는 기능을 해요. 몸에 필요한 음식물을 흡수할 수 있게끔 잘게 쪼개어 분해하는 과정을 소화라고 해요. 입을 통해 몸속에 들어간 음

소화 기관은 입-식도-위-작은창자-큰창자-항문 순서로 연결되어 있어요.

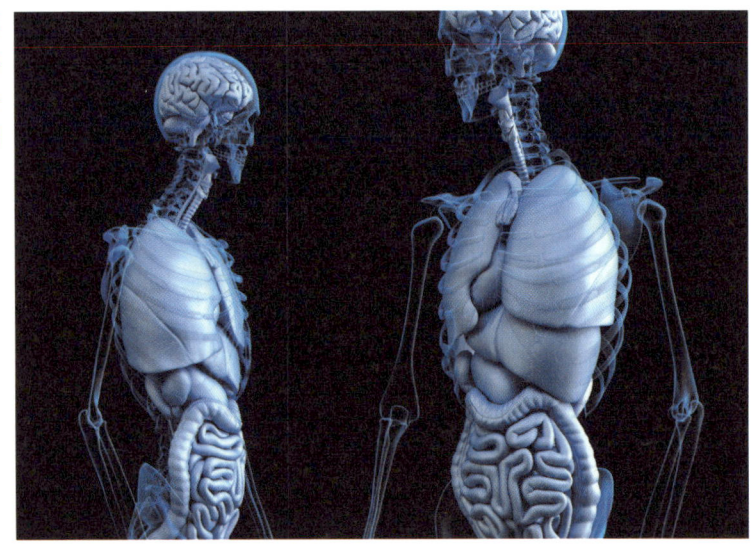

식물은 식도를 지나 위(위장)에서 잘게 쪼개져 작은창자(소장)로 내려가요. 그곳에서 음식의 영양분이 인체에 흡수되어요. 남은 찌꺼기는 큰창자(대장)로 내려가요. 큰창자에서는 소화하고 남은 음식 찌꺼기의 수분을 마저 흡수해요. 마지막 단계인 항문은 그 찌꺼기를 배출하는 역할을 해요. 그렇게 소화 기관은 입 - 식도 - 위 - 작은창자 - 큰창자 - 항문 순서로 연결되어 있어요. 소화 기관 근처에 있는 간, 쓸개, 이자는 소화를 조절하고 도와요.

심장만큼 쉬지 않고 일하는 기관이 또 있어요. 그것은 호흡 기관이에요. 숨을 들이마시고 내쉬는 활동을 호흡이라고 해요. 들숨은 코와 기관을 지나 기관지가 있는 폐로 들어와요. 날숨은 그 반대 순서로 나가요. 그래서 코 - 기관 - 기관지 - 폐를 호흡 기관이라고 해요. 호흡 기관은 우리 몸에 꼭 필요한 산소는 들이마시고, 몸속에 있는 불필요한 이산화 탄소는 몸 밖으로 내보내는 일을 해요. 들숨으로 들어온 산소는 폐를 둘러싼 혈관 속의 혈액에 녹아

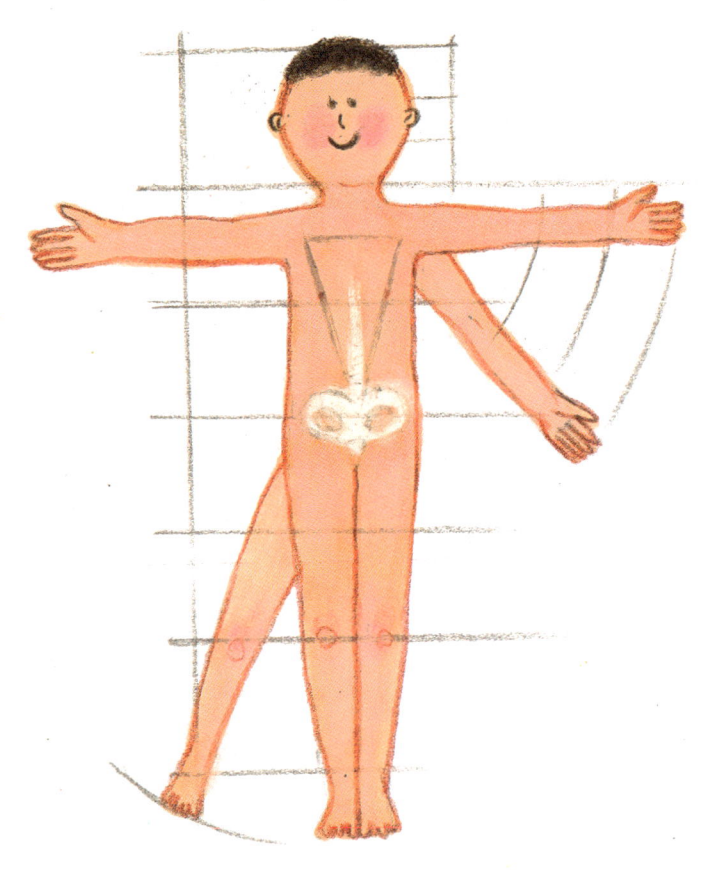

들어 몸 전체에 전달되어요. 마찬가지로 온몸을 지나는 혈액 속의 이산화 탄소는 폐 - 기관지 - 기관 - 코를 통해 날숨으로 몸 밖에 내보내져요. 운동을 하면 심장이 빨리 움직이듯이 호흡도 빨라져요. 운동을 하면 산소가 더 많이 필요하기 때문이에요.

'똥' 혹은 '대변'이라고 부르는 음식 찌꺼기는 항문으로 내보내지지만, 이것 말고도 우리 몸에는 매일 '소변'(오줌)이라는 노폐물이 생겨나요. 이 노폐물은 대부분 혈액에서 생겨요. 우리 몸은 끊임없이 움직이는 혈액에서 영양소와 산소를 공급 받는데, 그 과정에서 노폐물이 생기는 거예요. 그래서 이 불필요한 노폐물을 걸러내야 하는데, 콩팥(신장)이 그 기능을 해요. 즉 콩팥은 필터예요. 콩팥은 혈액을 걸러내 깨끗한 혈액은 다시 몸속으로 보내고, 불필요한 노폐물은 방광으로 보내요. 방광에 모인 노폐물이 오줌이에요. 방광에 모인 오줌은 어느 정도 차오르면 요도를 통해 몸 밖으로 배출되어요. 이렇듯 혈액에 있는 노폐물을 걸러내고 모아서 몸 밖으로 내보내는 과정을 배설이라고 해요. 그 일을 하는 콩팥과 방광을 일컬어 배설 기관이라고 해요.

앞에서 알아본 뼈와 근육, 소화 기관, 순환 기관, 호흡 기관, 배설 기관은 인체의 가장 기본적인 기능을 해요.

하지만 우리 몸이 제대로 활동하려면 외부 자극에 적절히 반응을 해야 해요. 체육 시간에 피구를 하더라도 상대편이 던지는 공을 잘 피하려면 상대편의 움직임과 공의 위치를 잘 관찰하고 적절히 반응해야 해요. 우리 몸에는 사물을 식별하는 '눈'뿐만 아니라, 소리를 듣는 '귀'가 있고, 냄새를 맡는 '코'가 있고, 맛을 보는 '혀'가 있고, 무언가에 닿았을 때 느끼는 '피부'가 있어요. 이렇듯 ==주변에서 전달된 여러 성질의 자극을 몸으로 느끼는 기관==을 **감각 기관**이라고 해요. 감각 기관으로 받아들인 외부 자극은 거미줄보다 가늘게 뻗어 있는 **말초 신경계**에 전달되어요. 동시에 외부 자극은 뇌를 포함한 **중추 신경계**에 보고되어 우리 몸은 그 자극을 알아차리고 반응해요. 이를테면 '오른쪽 방향에서 상대편이 던진 피구 공이 내 어깨 높이로 날아오고 있으니 서둘러 피해라.'라는 명령에 따르는 것이에요.

그러고 보면 우리 몸은 무척 바빠요. 심장은 이미 엄

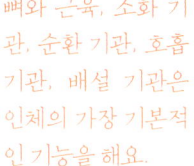

뼈와 근육, 소화 기관, 순환 기관, 호흡 기관, 배설 기관은 인체의 가장 기본적인 기능을 해요.

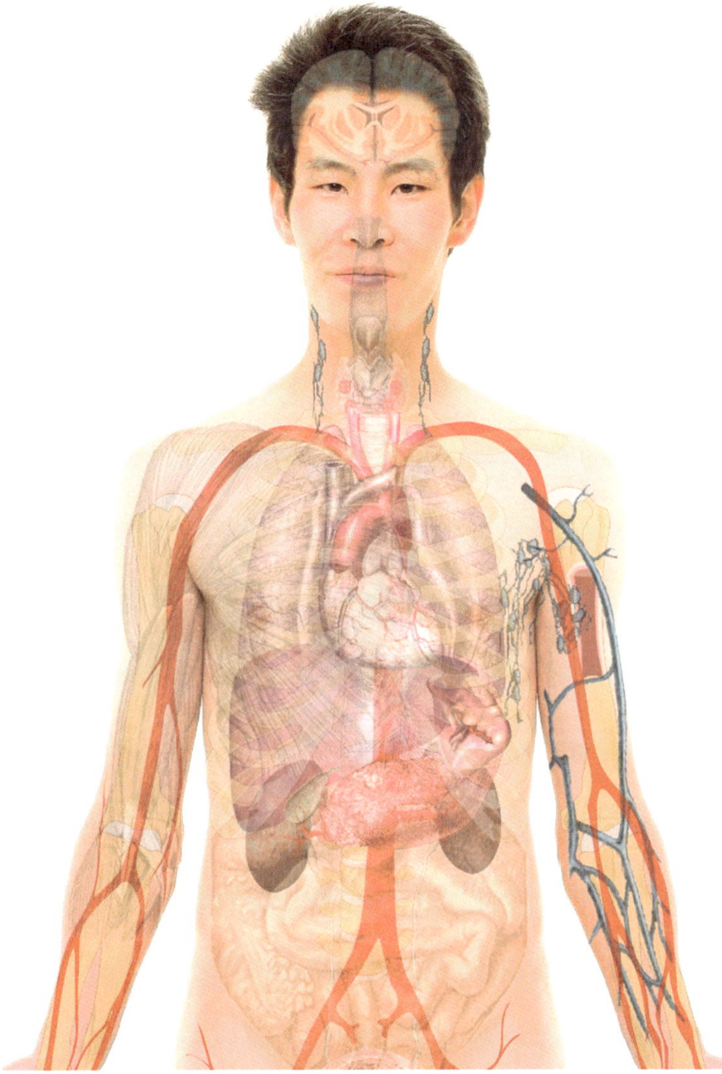

마 배 속에서부터 뛰기 시작해 잠시도 쉬지 않고 혈액을 순환시켜요. 호흡 기관 역시 우리 몸이 잠들어 있을 때

조차 계속해서 숨을 들이마시고 내쉬어요. 소화 기관도 음식물을 소화시키기 위해 캄캄한 배 속에서 누가 시키지 않아도 제 역할을 다해요. 배설 기관의 주인공인 콩팥도 혈액을 거르는 일에 눈코 뜰 새 없이 바빠요. 중추 신경계에서 가장 중요한 뇌는 또 어떤가요? 사사건건 감각 기관이 보고한 몸 밖의 일들을 끊임없이 판단하고 명령하느라고 한가할 틈이 없어요. 그러니 공부든 일이든 놀이든, 지칠 만큼 너무 힘들 때는 꼭 쉬어야 해요. 그래야 우리 몸과 마음이 균형 있게 살아갈 수 있어요. 몸이 마음을 낳았으니, 마음은 몸에게 효도해야겠어요.

• 아래의 두 물음을 읽고
  스스로의 생각을 자유롭게 써 보아요.

1. '마음'은 인체의 어느 기관에서 작용할까요?

2. '눈, 귀, 코, 혀, 피부'에서 느끼는 감각을 흔히 오감(五感)이라고 일컬어요. 그런가 하면 육감(六感)이라는 말도 있어요. '육감', 즉 여섯 번째 감각은 무엇일까요?

# 9
# 비슷하면서도 서로 다른 일을 하는 '에너지'들

동물과 식물은 무엇으로 힘을 얻어 살아갈까요?
냉장고와 에어컨은
어떤 힘으로 공기를 차갑게 할까요?
가스레인지에 불을 켜면
왜 냄비의 물이 끓게 될까요?
자동차의 바퀴는 어떤 힘으로 굴러갈까요?
보름달은 어떻게 환하게 빛날까요?
여러 능력을 발휘하는
다양한 '에너지'에 관하여 알아보아요.

에너지와 생활

## 에너지 가족

드넓은 강변에서 코끼리들이 으스댔어요.
"땅에서는 우리가 제일 힘세.
나무도 쓰러뜨리니 우리보다 힘센 동물은 없어."

그러자 옆에 있던 나이 많은 나무가 말했어요.
"그건 다 우리 식물들 덕택이야.
 식물이 없으면 너희는 화학 에너지를 얻지 못해 힘쓸 수 없어."

이번에는 땅속에서 잠자던 화석 연료가 말했어요.
"너희는 당장만 생각하고 있구나.
너희의 오랜 조상인 내가 열에너지로는 최고야."

이때 댐에서 쏟아져 내리던 물이 말했어요.
"화석 연료는 다 쓰면 더는 쓸 수 없어.
**위치 에너지**를 이용해 **운동 에너지**로 바뀐
나는 무한해서 에너지 재료로는 불사조야."

그 말을 들은 공기가 물에게 말했어요.
"너는 스스로는 **위치 에너지**가 될 수 없어.
내가 있어서 네가 하늘과 땅을 순환하는 거야.
불사조도 내가 있어야 날 수 있고."

그때 쨍한 태양이 웃으며 말했어요.
"사랑하는 자손들아, 다투지 마라.
너희가 에너지로는 한 가족이니라."

모두를 쓰다듬으며 태양이 말을 이었어요.

"식물은 나의 빛으로 화학 에너지를 얻고
코끼리는 식물을 먹어서 또 다른
화학 에너지와 운동 에너지를 얻고
죽은 생물이 변한 화석 연료는 전기 에너지가 되고
물과 공기는 나의 열에너지로 순환하느니라."

 '에너지'는 무엇일까요? 영어로 energy인 이 말은 우리 생활에서 자주 쓰지만, 그 뜻을 한마디로 정의하기는 참 어려워요. 에너지의 범위는 넓고 그 성격들도 다양하여 여러 가지로 분류되기 때문이에요. 그럼에도 <mark>에너지</mark>의 뜻을 한마디로 한다면, '<mark>물체 자체에 있는, 일할 수 있는 능력</mark>'이라고 말할 수 있겠어요. 그 말뜻은 에너지의 양이 많든 적든 모든 물체는 에너지를 가지고 있다는 뜻이기도 해요. 따라서 에너지는 동물뿐만 아니라 식물에도 있고, 철, 금, 은 같은 광물에도 있어요. 실제로 오렌지 같은 열매에 전선을 꽂고 전자시계에 연결하면 오렌지에서 나온 작은 에너지로 전자시계가 작동하는 것을 확인할 수 있어요.

이렇게 전기를 발생시키는 에너지를 '전기 에너지'라고 해요. 그런데 이 전기 에너지는 오렌지 열매를 자라게 한 화학 에너지의 다른 형태예요. 그 화학 에너지는 또 다른 에너지를 받아서 생긴 거고요. 다시 말하면, 태양의 '빛에너지'가 나무에 광합성을 일으켜 나무에는 '화학 에너지'가 생겼고, 그 화학 에너지가 다시 '전기 에너지'를 발생시킨 거예요. 이처럼 세상의 에너지에는 여러 종류가 있고, 그 여러 종류의 에너지들은 서로 다른 형태로 나타나기도 해요.

그러면, 에너지에는 어떤 종류들이 있을까요? 첫째로, 방금 얘기한 '화학 에너지'가 있어요. 화학 에너지는 생물의 생명 활동에 필요한 에너지예요. 생물들은 자신의 에너지가 될 수 있는 것들을 흡수하기도 하고 내보내기도 해요. 둘째로, '운동 에너지'가 있어요. 운동 에너지는 움직이는 물체가 가지고 있는 에너지예요. 초원을 달리는 얼룩말이나 운동장에 굴러가는 축구공에는 운동 에너지

가 있어요. 셋째로, '위치 에너지'가 있어요. 위치 에너지는 높은 곳에 있는 물체가 가지고 있는 에너지예요. 주전자의 물을 따르면 그 물이 낮은 곳으로 쏟아지듯 높은 곳에 있는 물체가 가지고 있는 에너지가 위치 에너지예요. 넷째로, '전기 에너지'가 있어요. 전기 에너지는 전류가 흐를 때 발생하는 에너지예요. 오렌지 같은 식물에도 전기 에너지가 있지만, 대개는 기계 등의 전기 기구를 작동시키는 에너지예요. 다섯째로, '열에너지'가 있어요. 열에너지는 물체의 온도를 높이는 에너지예요. 대표적인 것이 태양이에요. 지구는 태양의 열에너지를 받아서 생명 활동도 가능하게 되었어요. 여섯째로, '빛에너지'가 있어요. 빛에너지는 빛에 있는 고유한 에너지인데, 이 역시 태양계에서는 태양이 으뜸이에요. 달빛이 밝은 이유도 스스로는 빛을 내지 못하는 달이 태양의 빛에너지를 받아 반사하기 때문이에요. 우리가 밤에도 편하게 활동할 수 있는 것은 빛에너지로 불 밝힌 전등이 있기 때문이고요.

이런 여러 에너지는 우리 생활에 꼭 필요해요. 우리의 양식이 되는 쌀과 밀과 과일과 가축과 물고기가 자라려면 '화학 에너지'가 필요해요. 편리한 교통수단인 자동차와 열차와 비행기와 배와 자전거가 움직이려면 '운동 에너지'가 필요해요. 많은 물을 저장한 댐에서 전기 에너지를 만들어 내려면 댐의 물을 낙하시킬 '위치 에너지'가 필요해요. 그리고 우리 생활에서 많이 사용하는 기계나

형광등 같은 전기 제품을 작동시키려면 '전기 에너지'가 필요해요. 또 요리나 난방을 하려면 주로 가스와 전기와 석유와 석탄을 사용하는데, 그때 필요한 에너지가 '열에너지'예요. 그리고 어두운 공간을 밝혀줄 전등이나 촛불을 켜려면 '빛에너지'가 필요해요.

그런데 이런 여러 에너지는 때때로 서로 다른 에너지로 바뀌고는 해요. 텔레비전은 전기 에너지로 작동하지만, 텔레비전에 전기가 공급되면 그 화면에는 빛에너지

태양열 집열판은 태양의 빛에너지를 전기 에너지로 전환하는 친환경 발전기예요.

가 생겨요. 반대로, 최근에 많이 설치하는 태양열 집열판은 태양의 빛에너지를 전기 에너지로 전환하는 친환경 발전기예요. 그런가 하면 손흥민 선수는 화학 에너지를 사용해서 축구장을 열심히 달려요. 그런데 그 화학 에너지는 동시에 운동 에너지로 나타나요. 또 광합성을 하는 나무는 빛에너지를 화학 에너지로 바꾸는 거고요, 하늘로 멋지게 떠오르는 열기구는 화학 에너지를 열에너지로 바꾼 거예요. 이런 식으로 에너지는 종종 서로 다른 에너지로 잘 바뀌어요.

많은 전기 에너지를 생산하려고 댐을 건설해서 수력 발전을 해요.

　세계 인구가 많아지고 현대화되면서 곳곳에서 많은 에너지가 필요하게 되었어요. 겨울이면 옛날보다 더 따뜻하게 살게 되었고, 여름에도 옛날보다 더 시원하게 생활하게 되었어요. 또 옛날에는 없던 스마트폰이나 컴퓨터나 자동차 같은 기계제품을 만들어 내고 사용하기 위해서 더 많은 에너지가 필요하게 되었어요. 그런데 그 제품들은 대부분 전기 제품이어서 아주 많은 전기 에너지가 필요하게 되었어요. 그래서 많은 전기 에너지를 생산하려고 세계 곳곳에서 석유와 석탄과 천연 가스를 태워서 화력 발전을 하고, 댐을 건설해서 수력 발전을 하고, 핵분열을 일으켜서 원자력 발전을 하고 있어요.

　그럼에도 전기 에너지는 넉넉하지 않아요. 최근 우리나라도 한여름이면 전기 사용량이 급증해 때때로 곳곳에서 전기 공급이 끊겨요. 전기 에너지가 부족하기 때문이에요. 그러니 우리는 전기를 효율적으로 사용해야 해요. ('효율적'이라는 말은 '들인 노력에 결과가 좋은 것'을 뜻해요.) 우리가 당장 할 수 있는 일은 에너지 절약이에요. 사용하지 않는 전원은 꺼 놓는 것이 그 시작이에요. 또 냉장고, 에어컨, 세탁기, 전구 등의 전기 제품은 에너지 소비 효율이 높은 것으로 사용하는 것도 중요해요. 십시일반(十匙一飯)이라는 말이 있어요. '밥 열 숟가락이 모이면 밥 한 그릇이 된다.'는 뜻이에요. 한 사람, 한 사람이 에너지 절약을 실천하면 아주 많은 에너지를 절약할 수 있어요. 그것은 결국 우리 모두를 위한 일이에요. 오늘날은 전기 에너지 없이는 살아가기 힘드니까요.

• 아래의 두 물음을 읽고
  스스로의 생각을 자유롭게 써 보아요.

1. 만약에 갑자기 태양이 사라진다면 지구의 생물들은 어떤 에너지로 어떻게 살아갈 수 있을까요?

2. 지구의 환경을 훼손하지 않고 인류에게 넉넉한 전기 에너지를 만들어 내려면 어떤 새로운 과학 기술을 발명해야 할까요?

# 찾아보기

24절기  103
N극  94
S극  94

## ㄱ

갈비뼈  137
감각 기관  47, 135, 142, 144
공전  25, 29~34, 108~111
광합성  58~59, 65, 154, 158
궤도  30, 108~110
그믐달  33
근시경  75~76
근육  133, 137, 138, 141, 143
기공  60
기관지  139~140
꽃가루받이  55, 62~63

## ㄴ

남중 고도  107~110

## ㄷ

다리뼈  137
대변  141
도체  89~90
돋보기  70, 76, 78, 81, 124
동지  102, 110, 112
똥  141

## ㅁ

말초 신경계  142
머리뼈  137
물관  61

## ㅂ

반도체  89~90
발화점  123~125
배설 기관  135, 141, 143~144
별자리  21, 25, 30~31
병렬연결  92~93
보름달  32~33, 35, 147
볼록 렌즈  67, 69, 75~79
부도체  89~90
빛에너지  154, 156~158
빛의 굴절  74
뿌리  53, 55, 57~63

## ㅅ

삭  33
산소  39, 46, 49, 59, 118, 122~126, 134, 139~141
상현달  33
세포  63~64
소변  141
소화 기관  134, 138~139, 141, 143~144
소화(消化)  130, 134, 138~139, 141, 143~144
소화(消火)  115, 124~126, 129
수분(水分)  59, 139
수분(受粉)  62
수소  46, 49
순환 기관  134, 141, 143
식도  138~139
씨  55, 61~63
씨방  63

## ㅇ

암모니아  47
연소  115, 117, 123~126
열매  55, 57, 61~63, 153~154
열에너지  149, 151, 156~158
오목 렌즈  67, 69, 75~76, 78, 81
운동 에너지  152~156, 158
원시경  76~77
위  138~139
위치 에너지  150, 155~156
이산화 탄소  39, 46, 58~59, 127, 139~140
입  138~139
입자  43~48
잎  54~55, 57~58, 60~62

## ㅈ

자전  25, 28~29, 31, 108, 110
자전축  108~110, 112~113
작은창자  138~139
전구  83, 86~87, 90~94, 160
전기 에너지  151, 154~161
전기 회로  83, 90, 93
전류  87, 90~95, 155
전선  83, 90~94, 153
전자석  94~95
전지  83, 85, 90~94
줄기  53~55, 57, 61
중추 신경계  142, 144
증산 작용  60

직렬연결 91~92
질소 39, 45~46

**ㅊ**

척추뼈 137
체관 61
초승달 33~34
추분 101, 110~111
춘분 100, 110~111

**ㅋ**

코 139~140, 145
큰창자 138~139

**ㅌ**

탈 물질 121~127
태양 고도 105~107

**ㅍ**

팔뼈 137
폐 139~140

**ㅎ**

하지 101, 110, 112
하현달 33
항문 138~139, 141
핵 64
헬륨 39, 45~46, 49
호흡 기관 134, 139, 141, 143
화석 연료 126~128, 149~151
화학 에너지 149, 151, 154, 156, 158

# 메모

**로로로 초등 과학 6학년**
동시로 생각하고, 수필로 이해하고, 문제로 논술하는

초판 발행일  2019년 9월 2일
2쇄 발행일  2022년 3월 2일
지은이  윤병무
그린이  박윤희
디자인  씨디자인: 조혁준  기경란

펴낸곳  국수
등록번호  제2018-000158호
주소  경기도 고양시 일산동구 진밭로 36-124
전화  (031) 908-9293
팩스  (031) 8056-9294
전자우편  songwriter@kuksu.kr

ⓒ 윤병무, 2019, Printed in Goyangsi, Korea

ISBN 979-11-965084-5-6  74400
ISBN: 979-11-965084-1-8 (세트)

- 책값은 뒤표지에 쓰여 있습니다.
- 이 책의 저작권은 저자에게, 판권은 '국수'에 있습니다.
- 이 책 내용의 전부는 물론 일부라도 재사용하려면 반드시 '국수'의 동의를 얻어야 합니다.
- 잘못 만들어진 책은 구입하신 서점에서 교환해드립니다.

이 도서의 국립중앙도서관 출판예정도서목록(CIP)은 서지정보유통지원시스템 홈페이지(http://seoji.nl.go.kr)와 국가자료공동목록시스템(http://www.nl.go.kr/kolisnet)에서 이용하실 수 있습니다. (CIP제어번호: CIP2019030753)

종이에 손을 베지 않도록 주의하세요.
책 모서리에 다칠 수 있으니 책을 던지지 마세요.